AF599736

LA EMPRESA ANTE LAS BAJAS POR INCAPACIDAD TEMPORAL 2.ª EDICIÓN

CARLOS JAVIER GALÁN GUTIÉRREZ (DIRECTOR Y COORDINADOR),
MIGUEL ARENAS GÓMEZ, ANA ISABEL GUTIÉRREZ SALEGUI,
ANTONIO SALAS BAENA, DAVID A. SANMARTÍN OLIVIER

La empresa ante las bajas por incapacidad temporal. 2.ª edición

Autores: Carlos Javier Galán Gutiérrez (director y coordinador), Miguel Arenas Gómez, Ana Isabel Gutiérrez Salegui, Antonio Salas Baena, David A. Sanmartín Olivier

Director y coordinador de la colección: Carlos Javier Galán Gutiérrez

Diseño de cubierta: Martín Ángel Rodríguez Molina

Maquetador: Carlos Benita Rodríguez

Editor y corrector: Jacobo Feijóo

Correctores: Jacobo Feijóo y Delia Benito Sánchez

Edita:
© FUNDACIÓN CONFEMETAL
Príncipe de Vergara, 74 – 28006 Madrid
Tel.: 917.823.630
editorial@fundacionconfemetal.es
www.fundacionconfemetal.com

ISBN: 978-84-10315-03-7
Depósito legal: M-12320-2024

Si quiere información acerca de nuestras publicaciones, visítenos en:

www.fundacionconfemetal.com

o escríbanos a:

editorial@fundacionconfemetal.es

Síganos en:

Fundación Confemetal

@FCONFEMETAL

Fundación Confemetal

ÍNDICE

Sobre los autores

Carlos Javier Galán Gutiérrez

Licenciado en Derecho por la Universidad Complutense de Madrid. Magistrado del orden jurisdiccional social, actualmente titular del Juzgado de lo Social n.º 14 de Sevilla. Ejerció como abogado desde 1990 a 2019 y fue director de la asesoría Alberche Consultores en la provincia de Ávila y del despacho Alberche Abogados en Madrid.

Es profesor de materias laborales en el Máster Universitario de Abogacía de la Universitat Oberta de Catalunya (UOC) y formador habitual para diversas entidades, entre ellas Fundación Confemetal. Fue fundador y primer presidente de la Sección de Derecho Laboral del Ilustre Colegio de Abogados de Madrid (2014-18).

Es autor de los libros *La empresa ante las administraciones públicas* (FC Editorial, 2003), *Derecho Laboral para no expertos* (FC Editorial, ediciones en 2006 y 2010), *La empresa ante la Inspección de Trabajo* (FC Editorial, 2010), *Flexibilidad laboral: herramientas legales para la empresa* (FC Editorial, 2014) y coautor del libro colectivo *Más allá de la oficina: desafíos laborales emergentes en un mundo hiperconectado* (Aranzadi, 2024).

LinkedIn: https://www.linkedin.com/in/carlosjgalan

X: @cjgalan

Miguel Arenas Gómez

Licenciado en Derecho por la Universidad de Barcelona. Abogado y socio del despacho laboralista Colectivo Ronda, especializado en Seguridad Social y Prevención de Riesgos Laborales.

Profesor colaborador en el Grado de Relaciones Laborales de la Universitat Oberta de Catalunya (UOC) y docente en el Máster de Derecho del Trabajo y Seguridad Social de la Universitat Pompeu Fabra-BSM.

Es autor de ponencias, artículos y libros de divulgación jurídica, entre ellos *Prestaciones y subsidios de desempleo* (2024) y *Ejercicios prácticos de Seguridad Social* (2024), ambos para la Fundación UOC.

LinkedIn: www.linkedin.com/in/miguel-arenas-gómez-3b9a2570
X: @marenas_
Blog: https://miguelonarenas.blogspot.com/

Ana Isabel Gutiérrez Salegui

Licenciada en Psicología, especialidades Clínica y Social y de las Organizaciones, por la Universidad de Salamanca. Psicóloga general sanitaria habilitada. Acreditación profesional como Psicóloga Experta en Psicología Jurídica y Forense acreditada por la Federación Europea de Asociaciones de Psicólogos (EFPA) y el Consejo General de Colegios Oficiales de Psicólogos. Máster en Psicología Legal y Forense en ISEP-COP de Barcelona y experta en Psicología del testimonio por la Universidad Complutense de Madrid. Perito del Colegio Oficial de Psicólogos.

Profesora de Psicología Jurídica en el Grado de Psicología en la Universidad Europea de Madrid y profesora de distintas entidades, entre otras la Escuela Internacional de Ciencias de la Salud del Consejo General de Enfermería, el Instituto de Probática e Investigación Criminal (IPIC), la División de Formación y Perfeccionamiento del Cuerpo Nacional de Policía, de la Escuela Europea de Policía y la INTERPOL, Instituto Superior de Formación Sanitaria (ISFOS), la Business & Law School de la Universidad Rey Juan Carlos, y el Instituto Superior de Derecho y Economía (ISDE).

Autora de los libros *Trastornos del comportamiento alimentario: anorexia y bulimia* (Fuden, 1999) y *Consume y calla* (Foca, 2014) y coautora de *La enfermería ante la violencia de género* (Consejo General de Enfermería y Consejería de Sanidad de la Comunidad de Madrid, 2009), *Anuario de Derecho de Familia 2019* y *2021* (Tirant lo Blanch) y *Actualidad Penal 2019* (Tirant Lo Blanch).

LinkedIn: https://www.linkedin.com/in/ana-isabel-gutierrez-salegui-1b5866b
X: @Fasmida
Web: www.gutierrezsalegui.es.

Antonio Salas Baena

Licenciado en Derecho por la Universidad de Córdoba. Abogado del Ilustre Colegio de la Abogacía de Madrid. Es Director de Prestaciones Económicas de la mutua FREMAP y miembro del grupo de trabajo de Prestaciones de la Asociación de Mutuas de Accidentes de Trabajo (AMAT). Ha impartido cursos en la Universidad de Salamanca y en la Universidad Europea de Madrid.

Es autor de diversos trabajos publicados en revistas especializadas en Derecho del Trabajo y de la Seguridad Social y coautor del libro *La incapacidad temporal: aspectos laborales, sanitarios y de la Seguridad Social* (Tirant lo Blanch, 2007).

David A. Sanmartín Olivier

Licenciado en Derecho por la Universidad de Barcelona. Postgrado en Dirección de Seguridad Privada (Universidad de Barcelona) y en Criminalística y Ciencias Forenses (Universidad Autónoma de Barcelona). Detective privado y abogado. Socio director en Detectives HAS.

Profesor del título de Detective Privado en la Universidad de Salamanca y en el Curso Avanzado de Investigación del Colegio Oficial de Detectives Privados de Cataluña, y colaborador y ponente habitual en jornadas profesionales de asociaciones y colegios de Detectives Privados.

Es representante en España de la *World Association of Detectives*, delegado por España en la Federación Internacional de Asociaciones de Detectives Privados y secretario de la Asociación de Directivos de Seguridad Integral. Miembro de la Asociación Profesional de Detectives Privados de España, de los Colegios de Detectives Privados de Cataluña y Comunidad Valenciana, de la *World Association of Private Detectives* (como *Life-member*), del *Council of International Investigators* (como *Certified International Investigator*), de la Asociación de Directivos de Seguridad integral y de la Asociación de Profesionales de Cumplimiento Normativo.

LinkedIn: https://www.linkedin.com/in/dsanmartin
Blog: https://has.es/blog

PRÓLOGO

UNA NUEVA EDICIÓN, REVISADA Y AMPLIADA

Abordamos, en esta reedición actualizada, cuál es el *statu quo* de las bajas por incapacidad temporal, las denominadas **«bajas por IT»**. Nuestro deseo es acercar, tanto a los responsables empresariales como a los profesionales del ámbito laboral que se dedican a la gestión de dichas bajas, la información contrastada más relevante para su trabajo diario.

En 2011 se publicó la primera edición de este manual, con una apreciable acogida por los lectores y una destacable repercusión en los medios de comunicación. Desde entonces, se han producido **no pocas novedades normativas** en la regulación de los procesos de IT. Además, la experiencia va acrecentando el **repertorio de pautas contrastadas** para afrontar estos procesos. Todo ello hacía aconsejable elaborar una edición renovada y ampliada, como la que ahora tiene el lector entre sus manos.

Con ese objeto hemos reelaborado la edición anterior, incluyendo el impacto de los últimos cambios normativos y operativos en la regulación de los procesos de IT. Además, hemos organizado la información en esquemas y en cuadros prácticos visualmente atractivos, para clarificar dichos procesos.

LAS EMPRESAS, FRENTE A LA NECESIDAD DE CONOCER LAS OBLIGACIONES QUE IMPLICAN LAS IT

Como sabemos, la figura de la baja por incapacidad temporal (IT) surge en nuestro ordenamiento jurídico para **amparar a las personas trabajadoras** durante su proceso de recuperación de una dolencia.

La persona trabajadora que, por contraer una enfermedad –de origen profesional o común– o por sufrir un accidente –ya sea de trabajo o no laboral– se ve temporalmente incapacitada para su actividad laboral, está protegida con una **suspensión de su contrato durante el tiempo**

preciso para su recuperación; período en el que percibe una prestación, mayoritariamente a cargo del sistema público de Seguridad Social.

Pero, siendo una elemental previsión de protección social, la figura de la incapacidad temporal comporta **para la empresa una carga de obligaciones**, que ha de conocer y cumplir.

Por todo esto, las situaciones de IT constituyen una preocupación empresarial. Las bajas de origen profesional, accidentes de trabajo o enfermedades profesionales guardan relación con la **salud laboral**, cuya preservación es una de las obligaciones de la empresa. Por otro lado, los procesos de incapacidad temporal tienen una indudable repercusión tanto en la **organización de la actividad como en la productividad**.

MIRADAS DE EXPERTOS EN EL CAMPO DE LA IT

En este manual hemos pretendido abordar la incapacidad temporal desde una **variedad de perspectivas**: la regulación y gestión del proceso de incapacidad temporal, su incidencia jurídica en la relación laboral, su control y las medidas para su prevención y reducción.

Y lo hacemos también desde el conocimiento y la experiencia de distintos **expertos con perfiles plurales**: la abogacía laboralista, la judicatura, la psicología, la investigación privada o la responsabilidad de las mutuas.

El libro aborda, en primer lugar, la **gestión de estos procesos de baja**, donde la empresa ha de relacionarse con la Seguridad Social, con las mutuas y con la propia persona trabajadora. El abogado y profesor Miguel Arenas dedica su capítulo a explicar cuál es la regulación legal de la IT y de la prestación que lleva aparejada, con referencia a los controles administrativos, a las principales obligaciones formales y al papel de colaboración de la empresa a través del pago delegado de la prestación, resolviendo algunas cuestiones prácticas concretas que suelen plantearse en estos procesos.

Incluimos también en el temario –en el capítulo cuya redacción me ha correspondido– el estudio de algunas incidencias o **dudas de orden práctico** que la IT suele suscitar entre los responsables empresariales respecto a la relación laboral. Por ejemplo, las que afectan al complemento retributivo que en algunos sectores debe abonarse, a la coincidencia de la baja con períodos de vacaciones del trabajador, o a las posibilidades de extinción contractual mientras el empleado está de baja, entre otras diversas cuestiones.

Algunas empresas tienen la sospecha, en ocasiones, de que se enfrentan a una baja fingida, o bien de que, durante el proceso de IT, el afectado está realizando actividades incompatibles con la dolencia alegada o que resultan perjudiciales para su recuperación. En el tercer capítulo, David Sanmartín, abogado y detective privado, analiza los **mecanismos de investigación de tales casos fraudulentos** y su tratamiento legal y jurisprudencial.

Las **bajas por motivos psíquicos** (estrés laboral, ansiedad, depresión, etc.) han venido constituyendo en la España de los últimos años la segunda causa de IT y, en 2024, han pasado a ser la primera causa de incapacidad permanente. A esta importancia cuantitativa hay que añadir también elementos cualitativos: las particularidades de su génesis y la mayor dificultad objetiva para su control desde la óptica empresarial. La materia requería, a nuestro juicio, un estudio específico, del que se ha encargado la psicóloga y profesora Ana Isabel Gutiérrez Salegui, quien ha realizado un muy interesante y completo recorrido por los riesgos psicosociales que dan lugar a esas bajas, así como los métodos de prevención, detección temprana y abordaje.

Finalmente, el volumen se completa con una propuesta de **medidas de actuación para prevenir y reducir las bajas** por incapacidad temporal en la empresa, desde la perspectiva de Antonio Salas, director de prestación de la primera mutua colaboradora de la Seguridad Social en nuestro país.

Hemos procurado, en la medida de lo posible, no dar al libro un tono doctrinal y dirigido al experto, sino redactar un **manual con enfoque eminentemente práctico**, que proporcione información en términos comprensibles. Está dirigido especialmente a los responsables empresariales, aunque también creemos que puede ser interesante para profesionales del asesoramiento y personas trabajadoras.

Confiamos en haber conseguido ese objetivo de ofrecer, con los conocimientos y experiencias recogidos en estas páginas, una herramienta útil a las empresas. Por descontado, estamos abiertos a cualesquiera sugerencias que puedan enriquecer futuras ediciones de este trabajo o las actividades formativas que, sobre esta materia, se vienen organizando.

Carlos Javier Galán

Director y coordinador de la obra

CAPÍTULO 1
LA IT: CONTENIDO Y GESTIÓN DE LA PRESTACIÓN

Por Miguel Arenas Gómez
Abogado y profesor

1.1. INTRODUCCIÓN

NOTAS

1.1.1. ¿Qué son, coloquialmente, las bajas por IT?

En el lenguaje coloquial, la situación del trabajador que causa una «baja médica» es la **prestación denominada incapacidad temporal (IT)** en nuestra norma de Seguridad Social.

Está **protegida en nuestro sistema público** y forma parte de la acción protectora del mismo –junto con otras situaciones como pueden ser las pensiones de jubilación, incapacidad permanente, cuidado y nacimiento de hijo, desempleo, etc.–.

1.1.2. ¿Por qué razones es compleja la regulación de las bajas por IT?

Su regulación legal y reglamentaria es cada vez más compleja por diversas razones:

- Por las **sucesivas reformas** efectuadas por el legislador desde el año 1995, a lo largo de un tránsito que ha ido desde la antigua «incapacidad laboral transitoria» hasta el actual concepto.

(continuación...)

- Por la participación durante todo el proceso de **diversos agentes, cada uno con sus competencias** respectivas, desde los facultativos de los Servicios Públicos de Salud (SPS) o de las Mutuas Colaboradoras con la Seguridad Social (MCSS), hasta las entidades gestoras, como el Instituto Nacional de la Seguridad Social (INSS) o el Instituto Social de la Marina (ISM) y las Inspecciones de Servicios Sanitarios de las comunidades autónomas.
- Por las cada vez más numerosas y **complejas obligaciones de colaboración de las empresas** con la Seguridad Social, especialmente relativas al abono de la prestación correspondiente.
- Porque ha sido modificado el **sistema tradicional de comunicación de los partes médicos** de baja, confirmación y alta, por lo que resulta para el empleador francamente difícil realizar el seguimiento del proceso de IT de un trabajador perteneciente a su plantilla.

Vamos a definir en contenido de la prestación de IT tal y como está regulada en el ámbito del Régimen General de la Seguridad Social, es decir, para los **trabajadores por cuenta ajena**. Aunque no hemos de perder de vista que, con especialidades, también se extiende su protección a regímenes especiales, como pueden ser el de los **trabajadores autónomos**. Todo un complicado entramado, que intentaremos «desenmarañar» en este capítulo, de la forma más sencilla posible.

1.1.3. Concepto de IT y supuestos protegidos

En una primera aproximación al concepto de IT, el artículo 169.1.a) de la Ley General de la Seguridad Social (LGSS) nos señala que:

> Tendrán la consideración de **situaciones determinantes de incapacidad temporal** «las debidas a enfermedad común o profesional y a accidente, sea o no de trabajo, mientras el trabajador reciba asistencia sanitaria de la Seguridad Social y esté impedido para el trabajo, con una duración máxima de trescientos sesenta y cinco días, prorrogables por otros ciento ochenta días cuando se presuma que durante ellos puede el trabajador ser dado de alta médica por curación».

Podemos extraer ya diversas **consecuencias importantes** al respecto, y que nos permiten aproximarnos al **concepto de IT:**

1 Requisitos constitutivos de la situación de IT

Puede considerarse que son dos:

- La persona trabajadora ha de estar **«impedida para el trabajo»**.

  Es decir, la enfermedad o lesión que padece ha de afectar a su capacidad de realizar su actividad laboral.

NOTAS

(continuación...)

- Además, ha de **«recibir asistencia sanitaria»** durante la misma.

Por tanto, cualquier proceso patológico **no es suficiente** para que se inicie un proceso de IT y, derivado de ello, es preciso que el facultativo constate que tal proceso patológico precisa recibir asistencia sanitaria.

Esta constatación puede realizarse tanto por parte de los facultativos de los **Servicios Públicos de Salud como de las MCSS, e incluso por servicios médicos privados**, siempre y cuando el facultativo que expidió la baja médica pueda efectuar el control de dicha asistencia.[1] No es inusual que, a título de ejemplo, una persona trabajadora haya suscrito una póliza de asistencia sanitaria con una mutua privada y, ante una fractura, sean los servicios médicos de la misma quienes realicen, reduciendo tiempos de espera, las pruebas diagnósticas, rehabilitación e incluso intervenciones quirúrgicas.

2 Situaciones protegidas en la situación de IT

Son tanto las de **carácter común** como las de **origen profesional**, lo cual, como veremos más adelante, tiene consecuencias, tanto respecto a la dinámica del derecho como respecto a las prestaciones que deriven de la misma.

1. La STS 3792/2023 (Rcud 2991/2020) ha señalado que la incapacidad temporal derivada del tratamiento quirúrgico de la miopía, que no está incluido en la cartera de servicios de la Seguridad Social, puede dar lugar a las prestaciones económicas correspondientes de la Seguridad Social, siempre y cuando el control de dicha situación se lleve a cabo por los servicios médicos públicos competentes.

Así:

- Son objeto de protección como **contingencia común**:
  - La **enfermedad común** (por ejemplo, una gastroenteritis o una infección vírica).
  - El **accidente no laboral** (por ejemplo, una fractura como consecuencia de realizar bricolaje en el domicilio).
- La prestación de IT también cubre las denominadas **contingencias profesionales** concepto que incluye:
  - El **accidente de trabajo**, tanto en su acepción clásica (por ejemplo, caída en el centro de trabajo y fractura ósea) como en las ampliaciones del mismo (por ejemplo, accidente de tráfico al desplazarse desde el domicilio hasta el centro de trabajo, conocido como *in itinere*).
  - La **enfermedad profesional** (por ejemplo, la *epicondilitis* o «codo de tenista», para la profesión de carnicero, por la realización de movimientos repetitivos de flexo-extensión, etc.).
- También, dentro de las enfermedades profesionales, cabe causar el proceso de IT, aun sin necesidad de recibir asistencia sanitaria, en los denominados **periodos de observación** que, en definitiva, suponen aislar al individuo del foco que le genera el problema de salud. Pensemos, por ejemplo, en un panadero que sufre de asma, y se sospecha de que su origen esté en la exposición a las harinas presentes en el obrador.

3 Duración máxima del proceso de IT

- La duración máxima del proceso es de 545 días, siendo inicialmente de 365 pero prorrogable hasta 180 días más si en ese periodo es previsible la mejoría o curación del proceso.
- También hay que tener en cuenta, a efectos del período máximo de duración de la situación de IT (recordemos: 365 + 180 días), que también se computarán los **períodos de recaída y de observación**.

No podemos olvidar que la vocación del proceso de IT es precisamente la **recuperación de la capacidad laboral** del trabajador. Y ello, como luego veremos, sin perjuicio del periodo de prórroga de efectos económicos, o la demora de calificación.

¿Qué se considera cómo **recaída** a efectos de computar un mismo proceso?:

Es la situación en la que, tras un alta médica antes de los 545 días, se produce una nueva baja médica por la misma o similar patología dentro de los 180 días naturales siguientes a la fecha de efectos del alta médica anterior.

NOTAS

Por ejemplo, si tras un período de IT de 270 días por un diagnóstico de luxación de tobillo derecho, con alta médica por mejoría, le sobreviene al trabajador, diez días después, una nueva baja médica por dolor articular en el mismo tobillo, no se considerará como un proceso de IT nuevo, sino como una «recaída» o continuación del proceso anterior, ubicada en el día 271.º del mismo proceso.

Como excepción, cada proceso de IT por «menstruación incapacitante secundaria» –situación especial que veremos a continuación– será único e independiente, sin que se acumulen los diversos procesos que se puedan ir generando en el tiempo.

1.1.4. Ampliación de los supuestos

Recientemente, la Ley Orgánica 1/2023 ha ampliado los supuestos de protección como IT y, en concreto, ha regulado expresamente que tendrán la consideración de **situación especial de IT por contingencias comunes** aquellas bajas laborales en que puedan encontrarse **las mujeres**.

NOTAS

4 Ampliación de los supuestos de situación de IT por contingencias comunes

1

- En caso de **«menstruación incapacitante secundaria o dismenorrea secundaria»** asociada a patologías tales como endometriosis, miomas, enfermedad inflamatoria pélvica, adenomiosis, pólipos endometriales, ovarios poliquísticos, o dificultad en la salida de sangre menstrual de cualquier tipo, pudiendo implicar síntomas como dispareunia, disuria, infertilidad, o sangrados más abundantes de lo normal, entre otros.
- El legislador justifica la necesidad de regular la situación descrita, ya que entiende es la respuesta adecuada para **eliminar cualquier tipo de sesgo negativo** en el ámbito laboral.

2

- La debida a la **interrupción del embarazo** también se reconoce como situación especial de incapacidad temporal por contingencias comunes –aunque no se excluye como contingencia profesional, si la causa radicase en la actividad laboral–.
- Se considerará como tal dicha interrupción del embarazo, **sea voluntaria o no**, mientras la trabajadora reciba asistencia sanitaria por el Servicio Público de Salud y esté impedida para el trabajo.

3

- La debida a la **gestación de la mujer**, desde el día primero de la semana trigésimo novena.
- **Protección automática**, en la que no es preciso acreditar ni la situación que impida trabajar ni la necesidad de asistencia sanitaria específica o diferente a la ya recibida por el estado de embarazo.

1.1.5. Beneficiarios del subsidio de IT

La condición de beneficiario del subsidio de IT exige otros **requisitos para acceder al derecho**, que son los siguientes:

- Estar **afiliado a la Seguridad Social, y en situación de alta**[2] (situación normal de protección, cuando el contrato de trabajo está en vigor) o asimilada a la de alta.

  Por ejemplo, la situación de desempleo contributivo también es objeto de protección, entre otras. No lo son, sin embargo, la situación de percepción de un subsidio de desempleo[3] o de excedencia voluntaria.
- Se exige un **período mínimo de cotización**:
  - En caso de **enfermedad común** será de 180 días dentro de los 5 años inmediatamente anteriores al hecho causante.

2. El incumplimiento empresarial de este requisito conlleva la responsabilidad directa y exclusiva de la empresa en el pago de la prestación, por falta de alta de la persona trabajadora, sin obligación de anticipo del INSS. STS 5089/2023 (Rcud. 3655/2022).

3. La STS 3031/2023 (Rcud 3121/2020) recuerda que, a los efectos de devengar la protección por incapacidad temporal, no es posible considerar como situación asimilada al alta la de quien esté percibiendo el subsidio (asistencial) por desempleo.

(continuación...)

- En el supuesto especial de **gestación de la mujer trabajadora** también se exige acreditar una cotización mínima, desde el día primero de la semana trigésima novena, que, por remisión, es el equivalente al exigido para la prestación por cuidado y nacimiento de hijo.
- Según la edad, esta cotización mínima varía desde 90 días **para menores de 26 años** hasta los 180 **si son mayores de esa edad**, con criterios flexibilizadores en su cumplimiento.

- Sin embargo, **no se exige período de cotización** alguno para:
  - Los accidentes no laborales.
  - Las contingencias profesionales.
  - Las situaciones especiales por menstruación incapacitante secundaria.
  - Las situaciones debidas a la interrupción del embarazo.

Al respecto de la cotización exigible:

- De nuestro ordenamiento se ha eliminado la figura conocida como «coeficiente global de parcialidad» y actualmente se equiparan los trabajadores a tiempo parcial con los que realizan su actividad a tiempo completo, con lo que **todos los días de alta son computables** a efectos de cotización.

NOTAS

(continuación...)

- La tendencia de las reformas en materia de Seguridad Social es a que, para acceder a las diversas prestaciones, la cotización que compute sea la «efectivamente realizada», esto es, sin cómputo de la correspondiente a pagas extraordinarias. Sin embargo, para el acceso al subsidio de IT, es de aplicación la figura de los **«días-cuota»**, con lo que la cotización que computa **no coincidiría con la «efectivamente realizada»**.

La figura de los «días cuota»:

Se trata de una antigua construcción jurisprudencial,[4] que lleva a que se sume a la cotización que efectúa el trabajador, la correspondiente a dos pagas extras —aunque se perciban 14 o más pagas anuales, siempre se cotiza por 12 meses—. Y que conlleva que, en aplicación de dicha doctrina, **con 155 días de cotización, en realidad se alcancen los 180 exigibles**.

Debemos advertir de que, en la vida laboral del trabajador, a día de hoy, no aparece esa «ficción» e, incluso si se trata de un trabajador a tiempo parcial, los días que allí se informan no son los reales a efectos de acceso a prestaciones de Seguridad Social. A pesar de la insistencia de los interlocutores

4. Al respecto, la STS 4804/2013 (Rcud 3039/2012) advierte de que solo la jubilación está excluida de la aplicación de dicha doctrina, efectuada por la Ley 40/2007, la cual se mantiene para el resto de las prestaciones.

NOTAS

sociales en que la administración de la Seguridad Social solvente dicha situación, de momento sólo se ha obtenido el silencio por respuesta.[5]

1.2. COMPETENCIAS SOBRE LOS PROCESOS DE IT: INICIO, CONTROL Y SEGUIMIENTO

La participación de diversos agentes (INSS, MCSS, SPS, etc.)[6] durante todo el proceso, cada uno con sus respectivas competencias, complica, y no poco, la dinámica de las situaciones de IT.

Por eso, a efectos de un mejor entendimiento (y sin perjuicio de la plena capacidad de actuación de las MCSS cuando se trata de procesos derivados de contingencias profesionales, en las que emiten los partes médicos baja, confirmación y alta, prestan la asistencia sanitaria y económica), cuando se trata de **procesos de IT por contingencias comunes**, consideraremos que tales agentes puedan, dentro de su papel —si es que la empresa ha optado por dicha opción y no por el INSS—, asumir la gestión de la prestación económica.

Vamos a diferenciar **tres momentos temporales diferentes**: hasta los 365 días, justo a los 365 días, y con posterioridad al año, hasta los 545 días. También haremos referencia a la superación del plazo máximo de duración de 545 días.

---

5. Europa Press, a fecha de 14/09/2023 señala que «CC.OO pide a la Seguridad Social que el informe de vida laboral recoja correctamente lo cotizado a tiempo parcial» https://www.europapress.es/economia/laboral-00346/noticia-ccoo-pide-seguridad-social-informe-vida-laboral-recoja-correctamente-cotizado-tiempo-parcial-20230914151631.html
6. Acrónimos de Instituto Nacional de la Seguridad Social, Mutuas Colaboradoras de la Seguridad Social y Servicio Público de Salud (N. del E.).

1.2.1. Hasta los 365 días

NOTAS

Etapas del proceso de IT

Hasta los 365 días, el proceso de IT pasa por estas etapas:

- Se inicia el proceso de IT mediante la emisión del denominado «parte médico de baja», que será expedido por el médico del SPS en **contingencias comunes** –habitualmente el médico de familia– o por el servicio médico de la MCSS cuando se trate de **contingencias profesionales**.

  Excepcionalmente, aunque es muy infrecuente, las empresas «autoaseguradoras» de las contingencias profesionales, a través de sus servicios médicos, podrán expedir dicho parte médico de baja. Hay que precisar que, en todo caso, exige previamente el reconocimiento médico de la persona trabajadora, para verificar la patología y la incapacidad para realizar el trabajo.
- Dicho parte médico de baja, así como los partes de confirmación que a continuación indicaremos, se **entregarán directamente a la persona** trabajadora, ahora ya sin necesidad de crear una copia en papel para la empresa.[7]

7. Ahora existe una controversia importante al respecto. Aunque la persona trabajadora no tiene que «justificar» al empresario la situación de baja médica (dado que se comunica telemáticamente por el INSS), bien sea por obligación mediante convenio colectivo, bien sea por la «buena fe» que debe regir la relación laboral, al menos sí debería comunicar dicha circunstancia al empleador al efecto de que se tomen las decisiones organizativas oportunas. En este sentido se pronuncia la sentencia de la Audiencia Nacional, Sala Social, n.º 6652/2023 (n.º rec. 269/2023).

 NOTAS

(continuación...)

- Se comunicará al SPS o la MCSS y al INSS por vía **telemática**, incluyendo los datos más significativos.
- Dichos datos se comunicarán a su vez, también, **por vía electrónica** al empleador de la persona trabajadora.
- Con posterioridad se extenderán los sucesivos partes de confirmación por los facultativos que se ha indicado.

Tipos de parte de confirmación por IT

En función del periodo de duración que estime el médico que los emite, los partes de confirmación se confeccionarán según cuatro grupos de procesos, dependiendo de su **duración estimada**:

- Duración estimada muy corta, **inferior a 5 días**.

  Se emite parte médico de baja y alta en el mismo acto.[8] Cabe que el trabajador solicite una nueva revisión médica para prolongar la baja, y en ese caso se emitirá el primer parte de confirmación.
- Duración estimada corta, **de entre 5 y 30 días naturales**.

  Primer parte de confirmación a los 7 días y el resto en un plazo máximo de 14 días.

8. A pesar de la difusión mediática de la noticia durante el incremento de procesos virales en el invierno 2023/24, no se ha establecido ningún procedimiento de declaración «autorresponsable» que permita al trabajador ausentarse del trabajo sin el correspondiente parte médico de baja.

(continuación...)

- Duración estimada media, **entre 31 y 60 días naturales**.

  Primer parte de confirmación a los 7 días y el resto en un plazo máximo de 28 días.
- Duración estimada larga, **de 61 o más días naturales**.

  Primer parte de confirmación a los 14 días y el resto en un plazo máximo de 35 días.

Consejos en la emisión de los partes de confirmación IT

Para evitar automatismos en la emisión de los partes de confirmación será preciso:

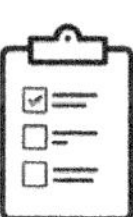

- En cualquiera de los procesos contemplados, el facultativo podrá **fijar la correspondiente revisión médica** en un período inferior al indicado en cada caso, y además se computarán los días como naturales.
- Los partes de alta médica, que también requieren el reconocimiento médico de la persona trabajadora, serán emitidos por los mismos facultativos competentes para la emisión de los partes de baja médica y los sucesivos de confirmación, indicando **expresamente** la causa del alta y fecha de efectos.

(continuación...)

- En la actual regulación, como ya hemos señalado, el facultativo solo expide **una copia** del parte médico de baja, confirmación y alta, que es para la persona trabajadora, **desapareciendo la obligación de remitir a su empresa** aquellos partes.
- Pero **permanece la obligación**, por parte del SPS o, en su caso, la mutua o la empresa colaboradora, de remitir los datos contenidos en los partes médicos de baja, confirmación y alta, al Instituto Nacional de la Seguridad Social, por vía telemática, de manera inmediata, y, en todo caso, en el primer día hábil siguiente al de su expedición.

En lógica con lo anterior, desaparece la obligación de la empresa de comunicar al INSS los partes médicos de baja, confirmación y alta.

Al contrario, ahora el INSS **está obligado** a comunicar a la empresa los datos necesarios para ella en el primer día hábil siguiente al de su recepción en dicho Instituto, para su conocimiento y cumplimiento.

Sigue quedando intacta como obligación de la empresa **el comunicar al INSS los datos para tramitar el proceso de IT** en el plazo de tres días hábiles, contados a partir de la recepción de la comunicación de la baja médica, y a través del sistema RED.

NOTAS

Así, teniendo en cuenta la situación del trabajador, pero también de la empresa, y para evitar los problemas que origina la falta de una copia impresa de partes médicos para la empresa, es **aconsejable comunicar al empresario** el inicio del periodo de IT y, posteriormente, la continuidad del proceso, y evidentemente, el alta médica. No nos referimos al hecho de proporcionar una copia de los partes médicos al empleador, ni mucho menos a decir cuál es la enfermedad, pero sí hacérselo saber, en base a la «buena fe» que ha de regir la relación laboral. Podrán así evitarse, por ejemplo, desajustes empresariales, burofaxes respecto a posibles bajas voluntarias que no existen, falta del pago delegado o problemas para reincorporarse. La práctica diaria nos ha hecho ver que las comunicaciones telemáticas no son ni mucho menos inmediatas.[9]

En resumen, tenemos así la plena competencia de los servicios facultativos del SPS en lo tocante a las contingencias comunes y de los médicos de las MCSS en lo tocante a las contingencias profesionales para el inicio del proceso de IT y su continuación hasta el alta médica antes de los 365 días.

9. El Periódico, a fecha de 16 de junio del año 2023, afirmaba que: «Graduados Sociales denuncian retrasos de hasta cinco días en la gestión de las nuevas bajas médicas con el nuevo protocolo».
https://www.elperiodico.com/es/economia/20230614/graduados-sociales-denuncian-retrasos-gestion-bajas-medicas-nuevo-protocolo-88685394

Otros agentes en el proceso IT

Esta plena competencia anteriormente indicada no impide la actuación, como control del proceso, de otros agentes. Destacamos los siguientes:

- **MCSS**

  Cuando se trate de procesos de IT por contingencias comunes, cuya cobertura económica corresponda a una MCSS, esta podrá (si es que considera que la persona trabajadora no está incapacitada para realizar su trabajo) emitir una **propuesta motivada de alta médica**, que se dirigirá a la inspección médica del SPS, que a su vez se la remitirá al facultativo correspondiente.

  Debe comunicarse el inicio del procedimiento a la persona trabajadora. Y debe recordarse que la negativa o el silencio a tal propuesta permite a la MCSS solicitar la misma ante el INSS.

- **Inspección Médica del SPS**

  También, durante los primeros 365 días, la inspección médica del SPS podrá controlar el proceso y, en su caso, **emitir alta médica**.

  Cualquier proceso de IT que se emita en los 180 días naturales posteriores deberá ser acordado por dichos facultativos.

NOTAS

(continuación...)

Al respecto, hay que tener en cuenta que, en el ámbito de la gestión y control de los procesos de IT por contingencias comunes, se suscriben convenios de colaboración entre el Ministerio de Inclusión, Seguridad Social y Migraciones (INSS) y las diferentes CC.AA. Para 2023, el crédito fue de 315 023 458,60 euros, a distribuir entre todas las comunidades que suscribiesen dichos acuerdos.[10]

- **INSS**

  Hasta el cumplimiento del plazo de duración de 365 días, el INSS ejercerá, a través de su inspección médica, las mismas competencias que la inspección médica del SPS, **pudiendo emitir un alta médica** a todos los efectos, o pronunciarse sobre la existencia de recaída en un mismo proceso. **No sustituye a la inspección médica del SPS**, sino que tiene la misma capacidad para dictar altas médicas.

  En todo caso, la emisión del alta médica por parte del INSS comporta que este sea el único competente, también a través de su inspección médica, para emitir una nueva baja médica producida por la misma o similar patología en los 180 días siguientes a la citada alta médica. En definitiva, lo que se pretende es que, si el INSS decide que es un alta médica, el trabajador no pueda acudir a su médico de familia para causar una nueva baja, que dejaría sin efectividad el control que previamente se hubiera hecho.

10. Por ejemplo, Resolución de 30 de diciembre de 2022, de la Secretaría General Técnica, por la que se publica la Adenda de prórroga y modificación al Convenio entre el Instituto Nacional de la Seguridad Social y la Comunidad de Madrid, para el control de la incapacidad temporal durante el período 2021-2022. https://www.boe.es/diario_boe/txt.php?id=BOE-A-2023-771

1.2.2. Desde los 365 días hasta los 545 días

A raíz de la pandemia, debido por una parte a la falta de personal administrativo en el INSS, y por otra, a que las mutuas constataron que era deficitario el control de la gestión de la prestación económica de la IT por contingencias comunes[11] por más que se impliquen en el control de las mismas, hemos llegado a un panorama actual en que **ha sido muy poco efectivo**[12] el control de la gestión de los procesos de IT por contingencias comunes, dejando al margen las profesionales.

No ha sido inusual en estos dos últimos años ver procedimientos de IT que han **superado ampliamente los 24 meses de duración**. No ya sin que se hubiese emitido resolución de demora de calificación, sino que el INSS ni tan siquiera se pronunciaba sobre la necesaria prórroga al alcanzarse los 365 días —prórroga ahora derogada, como comentaremos—. Pero, como si de un laboratorio se tratase, este experimento pandémico nos ha enseñado que hoy en día es absolutamente **innecesaria la emisión continua de partes médicos de confirmación de la baja** —con la sobrecarga burocrática que supone para los médicos de familia—, pues las empresas ya se han acostumbrado a seguir con el pago delegado sin necesidad de emitir aquellos partes.

---

11. Anualmente se fija la fracción de cuota que perciben las MCSS para financiar la gestión de esta prestación. La Orden PJC/51/2024, de 29 de enero ha fijado un coeficiente del 0,06 sobre la cuota íntegra correspondiente a la aportación empresarial y a la de los trabajadores por contingencias comunes protegidos por cada mutua, cifra que se incrementa hasta el 0,07 si se acredita insuficiencia financiera.

12. Hecho que no ha pasado inadvertido para el Ministerio de Inclusión y Seguridad Social ni para el resto de agentes sociales, los cuales, primero en la Recomendación n.º 9 del Pacto de Toledo de 2020, y más recientemente (tanto la patronal como los sindicatos) en el Acuerdo estatal por el empleo y la negociación colectiva (AENC) de mayo de 2023, tienen claro que se ha de avanzar en un mejor uso de los recursos y experiencia de las mutuas, en especial en los servicios traumatológicos en los procedimientos de enfermedad común o accidente no laborales.

A continuación comentamos los **cambios actuales** en el proceso para personas en situación baja médica en lo referido a este periodo situado entre los **12 y 18 meses**:

NOTAS

- Agotado el plazo de duración de 365 días desde el inicio del proceso de IT, es la **inspección médica del INSS**, sea cual sea la contingencia, la **única entidad competente** para emitir el alta médica por curación, por mejoría que permita la reincorporación al trabajo, con propuesta de incapacidad permanente o por incomparecencia injustificada a los reconocimientos médicos convocados por dicha entidad gestora. Tal inspección médica es también la única competente para emitir una nueva baja médica en la situación de incapacidad temporal producida por la misma patología o similar, en los 180 días naturales posteriores a la citada alta médica, lo que refuerza el control sobre el procedimiento de la baja médica.
- Sin embargo –y esta es una de las novedades más importantes–, la **falta de alta médica**, una vez agotado dicho plazo de 365 días, supone que la persona trabajadora se encuentra **automáticamente en la situación de prórroga** de la incapacidad temporal, hasta un máximo de 180 días más, por presumirse que, dentro del período subsiguiente de 180 días, aquel puede darse de alta médica por curación o mejoría.

Hay que prestar especial atención a esta situación de prórroga automática, ya que, después de los 365 días estando en IT, **no se emiten más partes de confirmación**, permaneciendo el trabajador en situación de baja médica hasta que se produzca una causa legal de extinción de dicha situación o, como máximo, la prórroga —automática ahora— de 180 días más.

Es importante señalar que en la situación anterior permanece la colaboración **obligatoria, por parte de la empresa, en el pago de la prestación**. Es decir, ha de continuar efectuando el pago delegado del subsidio en su nómina mensual, más las mejoras voluntarias, si proceden.

Esta situación se mantiene hasta que se produzca la **extinción** del proceso por causa legal (por ejemplo, alta médica de la inspección del INSS), o bien porque se cumpla el periodo máximo de 545 días, finalizando en todo caso en ese momento. Igual obligación mantienen las llamadas empresas «autoaseguradoras». También, durante dicho periodo, el empleador ha de continuar con la cotización de la persona trabajadora.

Se regula un complejo **procedimiento de reclamación** frente al alta médica emitida por la inspección médica del INSS, —una vez agotado el plazo de duración de los 365 días—, que supone que en un plazo máximo de 4 días naturales podrá mostrar su disconformidad ante la inspección médica del SPS. Dicho procedimiento prorroga la situación de IT, con derecho a percibir el subsidio económico, hasta la decisión del SPS o, si no se pronuncia, hasta un máximo de 11 días.

Causas de extinción del proceso de IT

En todo caso, hay que recordar que el proceso de IT se extingue, en cualquier momento:

NOTAS

- Por darse un **alta médica** por curación o mejoría que permita al trabajador realizar su trabajo habitual.
- Por ser dado **de alta** el trabajador, con o sin declaración de incapacidad permanente.
- Por el reconocimiento de la **pensión de jubilación**.
- Por la **incomparecencia injustificada** a cualquiera de las convocatorias para los exámenes y reconocimientos establecidos por la inspección médica del INSS o por los médicos de la MCSS.
- Por **fallecimiento**.

Ahora bien, si se inicia un expediente de incapacidad permanente **antes** de que hubieran transcurrido los 545 días naturales de duración del subsidio de IT, y se denegara el derecho a la prestación de incapacidad permanente, el INSS, a través de su inspección médica, será nuevamente el único competente para emitir, dentro de los 180 días naturales posteriores a la resolución denegatoria, **una nueva baja médica** por la misma o similar patología. En estos casos se reanudará el proceso de IT hasta el cumplimiento de los 545 días, como máximo.

1.2.3. Período posterior a los 545 días

Llegado el momento del plazo máximo de duración del proceso de IT (recordemos que es de 545 días) también **se**

extinguirá el subsidio por el transcurso de dicho plazo máximo, bien sea por un único proceso, bien porque se sumen, a efectos de determinar la duración del subsidio, varios períodos de recaída en un mismo proceso médico. Recordemos que, para que se produzca la acumulación como recaída, se exigen **2 condiciones** imprescindibles: que se trate de igual o similar diagnóstico y que no hayan transcurrido más de 180 días entre el final y el inicio de ambos procesos.

Efectos de la extinción del proceso

Ocurre, sin embargo, que la extinción del proceso no supone el fin de las consecuencias derivadas de aquella IT y, ni mucho menos, la reincorporación del trabajador a su puesto de trabajo. Al contrario, se despliegan diversos efectos en este momento:

- Con respecto a la empresa, desaparecen las obligaciones de **mantener de alta** al trabajador en el sistema de Seguridad Social y de cotizar por el mismo. A la misma vez, decae la obligación de seguir efectuando el **pago delegado** del subsidio de IT. Es un momento en el que, tras comunicar la TGSS al trabajador su baja en el sistema de la Seguridad Social, la empresa formaliza la liquidación y el finiquito del mismo sin que dicha actuación se considere una extinción de la relación laboral, sino que continúa la suspensión de tal relación laboral, a expensas de la posterior actuación del INSS.

NOTAS

(continuación...)

- Con respecto al trabajador, pasa a la situación de **prórroga de efectos económicos** de su proceso de IT. Es decir, que tiene derecho a seguir en situación equivalente a la de baja médica, percibiendo el importe del subsidio correspondiente, en espera de la actuación del INSS, pero no solo hasta la emisión de la resolución, sino hasta la efectiva notificación de la misma.[13] Su relación laboral sigue vigente, pero en **suspenso**. En el caso de que se encontrase percibiendo su subsidio por parte de la empresa, deberá tramitar una solicitud de pago directo ante el INSS o la MCSS, en función de la contingencia o de la entidad de cobertura.
- Si el INSS considera que persiste la necesidad de asistencia sanitaria, y que es previsible la reincorporación laboral, puede dictar una demora de calificación, hasta llegar el proceso de IT a un máximo acumulado de 730 días (365+180+185). Lo anterior, inusual en la práctica, conlleva que la actuación normal por parte del INSS sea realizar el reconocimiento médico pertinente para evaluar el estado del trabajador, a efectos de su calificación, en el grado de incapacidad permanente que corresponda.

13. De forma muy reiterada, el TS (Tribunal Supremo) ha establecido que, cuando se produce el alta médica transcurrida la prórroga de 180 días (pero también si se produce antes) subsiste el derecho del trabajador a seguir percibiendo el subsidio hasta que se le notifique, porque solo a partir de ese momento debe incorporarse a trabajar y a percibir su salario, con lo que la mayor o menor demora en la notificación de la resolución administrativa en que se declara el alta médica no puede perjudicar al beneficiario. Por todas las sentencias, véase la STS 335/2023 (Rcud. 2707/2019).

NOTAS

(continuación...)

Aunque la norma señala que se efectuará en el plazo de 90 días, la práctica diaria lleva a periodos más largos, durante los que, como hemos indicado, permanece el derecho del trabajador a percibir el subsidio.

- Transcurrido este plazo de 545 días, con o sin demora posterior, se refuerza el control del INSS si el procedimiento finaliza con la **denegación** de la incapacidad permanente y la extinción definitiva del subsidio de IT. En los 180 días posteriores será la entidad competente para verificar que existe un nuevo derecho a la prestación de IT por la misma o similar patología[14], lo que supone una clara medida de control de las nuevas bajas médicas inmediatamente posteriores que evita perpetuar la situación de baja médica.

1.3. NACIMIENTO DEL DERECHO AL SUBSIDIO. PRESTACIÓN ECONÓMICA

Con carácter previo debemos señalar que nos ceñiremos a las prestaciones que se causan en el régimen general de la

14. No obstante, el TS no pone en cuestión la competencia del INSS para dictar esa posterior baja médica, pero sí advierte que no es una potestad discrecional, con lo que no cabe negar sin más el nuevo proceso de IT. Por lo tanto, esto comporta la necesidad de pronunciarse sobre el estado de salud del trabajador para, entonces sí, denegar en su caso el derecho siempre que sea de forma fundamentada. Por todas las sentencias, véase la STS 3535/2023 (Rcud. 3624/2020).

Seguridad Social y en el Régimen Especial de los Trabajadores Autónomos, ya que son el núcleo más importante de afiliaciones del sistema. Indicamos previamente que, durante las situaciones de huelga y cierre patronal, la persona trabajadora no tendrá derecho a la prestación económica por IT hasta que finalicen aquellas situaciones.

NOTAS

También hay que tener en cuenta que las modalidades normales de percibir la prestación son:

- **Pago delegado**

  Trabajadores del Régimen General con contrato en vigor. Esta modalidad implica que el empresario es quien anticipa el pago del subsidio de IT al trabajador y posteriormente lo compensa en las cotizaciones que efectúa a la Seguridad Social.
- **Pago directo**

  En esta modalidad, el trabajador debe dirigirse a la entidad gestora (INSS) o a la mutua colaboradora para que le pague directamente la prestación de la Seguridad Social. Algunos de los supuestos en que se suele producir esta situación son:
  - Trabajadores del Régimen General sin contrato en vigor.
  - Trabajadores autónomos, siempre.
  - Empleadas del hogar, siempre.
  - Trabajadores del Régimen General con contrato en vigor, a partir de los 545 días del proceso de IT.
  - Incumplimiento del empresario de su obligación de pago delegado.
  - Trabajador jubilado parcialmente.

1.3.1. Con contrato en vigor

Si en el momento en que el beneficiario que causa la situación de IT se encuentra en situación de alta –ya sea por estar trabajando en una empresa como trabajador por cuenta ajena o por estar de alta en el Régimen Especial de Trabajadores Autónomos (RETA)–, según la contingencia de cobertura del proceso, se percibe y calcula el subsidio de IT de forma **diferente**.

Así, como punto de partida, en lo tocante a la prestación económica correspondiente a las diversas situaciones constitutivas de IT, hablaríamos de un subsidio equivalente a **un tanto por ciento sobre la base reguladora**, que se fijará y se hará efectivo, como ya hemos avanzado, según la contingencia que se proteja.

1.3.1.1. Enfermedad común y accidente no laboral

En caso de enfermedad común o de accidente no laboral, el subsidio se **abonará** a partir del día 4.º de baja en el trabajo, si bien desde el día 4.º al día 15.º de la baja, ambos inclusive, el subsidio estará a cargo del empresario, siendo el abono obligación del INSS o de la MCSS a partir del día 16.º.[15] La principal consecuencia es que durante los 3 primeros días de la baja médica no se percibe subsidio alguno, al menos en concepto de prestación de la Seguridad Social, aunque no es inusual que, normalmente por vía del convenio colectivo, se establezca una mejora de lo dictado por la Seguridad Social, con cargo al empresario.

15. Párrafo 2.º del art. 173.1 RDL 8/2015 LGSS.

NOTAS

¿Y qué **porcentajes** percibe el trabajador? La respuesta está fuera de la actual Ley General de la Seguridad Social (RDL 8/2015), y se encuentra concretamente en el Decreto 3158/1966, de 23 de diciembre, en el Decreto 1646/1972, de 23 de junio y el artículo único del Real Decreto 53/1980, de 11 de enero.

Se señala un porcentaje del 60 % de la base reguladora hasta el día 21.º y, a partir de ese momento, un 75 % de la misma. No es preciso una solicitud por parte de la persona trabajadora, siendo el empleador, en la modalidad de pago delegado, quien efectúa el abono.

Recapitulando: las fechas y porcentajes que percibe el trabajador en el caso de enfermedad común o de accidente no laboral serían:

- **Del 1.º al 3.er día** de la baja médica: no se percibe prestación de la Seguridad Social.
- **Del 4.º al 20.º días** se percibe el 60 % de la base reguladora. Hasta el día 15.º la prestación es a cargo exclusivo del empresario. Desde el día 16.º, no obstante, la responsabilidad del abono es de la Seguridad Social, es decir, el INSS o la MCSS, en función con quién tenga protegida la prestación económica la empresa.
- **A partir del 21.º día** se percibe el 75 % de la base reguladora.
- El **trabajador autónomo** percibe la prestación en esas mismas condiciones, pero con cargo a la MCSS ya desde el 4.º día, en la modalidad de **pago directo** y en los porcentajes señalados.

1.3.1.2. *Accidente de trabajo y enfermedad profesional*

El trato «privilegiado» de la contingencia profesional supone que, en estos supuestos, el subsidio se abonará desde el día siguiente al día que se cause la baja en el trabajo, estando a cargo del empresario el salario íntegro correspondiente al día de la baja.[16]

- De esta forma, la **persona trabajadora**, en caso de contingencia profesional, percibe el 75 % de la base reguladora desde el día siguiente al de la baja médica. Tampoco es exigible la solicitud de pago, pues el subsidio del empleador se cobra mediante la modalidad de pago delegado.
- El **trabajador autónomo** percibe la prestación en las mismas condiciones, pero con cargo a la MCSS desde el día siguiente a la baja médica, en modalidad de pago directo y en el porcentaje del 75 % ya señalado.

1.3.1.3. *Situaciones especiales de IT*

Distinguiremos entre las situaciones siguientes para **trabajadoras**:

- IT por **menstruación incapacitante secundaria**:

  El subsidio se abonará a cargo de la Seguridad Social desde el día de la baja en el trabajo, siendo desde el 1.er día al 20.º, el 60 % de la base reguladora. A partir del 21.º será el 75 % base reguladora.

16. Párrafo 1.º del art. 173.1 RDL 8/2015 LGSS.

NOTAS

(continuación...)

- IT por **interrupción del embarazo** e IT en la situación especial de **gestación**:

  Desde el día 1.º de la semana 39.ª de gestación, el subsidio se abonará a cargo de la Seguridad Social, calculado desde el día siguiente al que se dé la baja en el trabajo, siendo por cuenta del empresario el salario íntegro que corresponda al mismo día de la baja. Del 2.º al día 20.º se percibe el 60 % de la base reguladora y, a partir del día 21.º día, corresponde el 75 %.

En lo que respecta a las **trabajadoras autónomas**, y siempre que sea en las situaciones especiales descritas arriba, percibirán, previa solicitud de pago directo:

- Por **menstruación incapacitante secundaria**: del 1.er día al 20.º, el 60 % de la base reguladora. A partir del día 21.º, el 75 % base reguladora.
- **Interrupción del embarazo** y el día 1.º de la semana 39.ª de **gestación**: del 2.º al 20.º día, el 60 % de la base reguladora. A partir del día 21.º, el 75 % de la base reguladora.

1.3.1.4. Mejoras voluntarias de Seguridad Social

La normativa de la Seguridad Social establece que las prestaciones podrán ser mejoradas voluntariamente por el empresario en la modalidad contributiva de la protección que el sistema otorga a los trabajadores del Régimen Gene-

ral de la Seguridad Social.[17] A este respecto, las situaciones más frecuentes que pueden producirse son dos:

- Prestación con cargo al empresario durante los **3 primeros días** de la baja médica, en los supuestos de contingencia común, es decir, en aquellos en los que no hay prestación de la Seguridad Social.
- **Complementos** al porcentaje de la prestación legalmente fijado, a veces ligado a determinadas contingencias, normalmente por accidente de trabajo,[18] o a situaciones como, por ejemplo, la hospitalización.

En todo caso, las mejoras voluntarias solo se aplican si así se establece por convenio colectivo o como una mejora que el empresario quiera realizar de forma unilateral.[19]

1.3.2. Extinción del contrato durante el proceso de IT

Se reguló expresamente esta situación como consecuencia de una profunda reforma del sistema efectuada mediante la Ley 24/2001, para evitar la **concatenación** de las prestaciones de IT y desempleo. Así, se redujeron las pres-

17. Art. 43 RDL 8/2015 LGSS.
18. Hay que tener en cuenta que la interpretación debe acomodarse a la mejora que esté redactada en el convenio colectivo, indicando, por ejemplo, la STS 4323/2022 (Rcud. 109/2022) que la mejora voluntaria del convenio, respecto al accidente de trabajo, no resulta aplicable a las situaciones asimiladas al accidente de trabajo por razón de periodos de aislamiento, contagio o restricciones de salida causadas por la COVID-19.
19. Una cuestión muy interesante, al respecto de las mejoras voluntarias, es que la STS 4798/2022 (Rcud. 4131/2019) ha determinado que, mientras no exista un subsidio por IT abonado a cargo de la Seguridad Social (sea una Entidad Gestora, sea una Mutua Colaboradora), tampoco se activa la mejora voluntaria (a cargo de la empresa) contemplada por el convenio colectivo.

taciones de los trabajadores, estableciendo un complejo –y me permito añadir que injusto– sistema de **reducción de la prestación de IT**, algo que permanece en la actualidad. No obstante, la actual normativa de Seguridad Social establece diferentes situaciones,[20] que desarrollamos a continuación.

NOTAS

1.3.2.1. Enfermedad común y accidente no laboral

Si la persona trabajadora se encuentra en situación de IT y su contrato de trabajo se **extingue**, continuará percibiendo el subsidio, que pasará a calcularse en la cuantía que corresponda al desempleo. O sea, que ya no percibirá los porcentajes que antes hemos indicado, sino que se reducirá al mismo importe de la prestación de desempleo contributivo, lo que obliga a recalcular la prestación.

Además, si la persona trabajadora causa alta médica y pasa a la situación de **desempleo** de forma seguida, con derecho a la prestación correspondiente, se descontará el periodo de IT de esta nueva prestación (pues se considera consumido) en el tramo que vaya desde la finalización del contrato hasta que se produzca el alta médica.

1.3.2.2. Accidente de trabajo y enfermedad profesional

En este supuesto, la persona trabajadora sigue percibiendo **en todo momento** el 75 % de su base reguladora, sin que se efectúe tampoco descuento alguno de la futura prestación de desempleo si accede posteriormente a la misma.

20. Art. 283 RDL 8/2015 LGSS.

1.3.3. IT causada durante la situación de desempleo

En estos supuestos, regulados también en el art. 283 de la Ley General de la Seguridad Social (LGSS), pero en su apartado segundo, la norma diferencia dos casos distintos. A saber:

- **Recaída**

  En ese caso, una recaída de un proceso anterior, el trabajador sigue percibiendo la prestación de IT en la cuantía que corresponda al subsidio de desempleo que se haya reconocido hasta la finalización del proceso médico, más allá incluso de la prestación de desempleo, aunque sea inferior en duración.

- **Nuevo proceso de IT**

  Aquí, el trabajador sigue percibiendo el subsidio en la cuantía que corresponda al desempleo contributivo hasta que finalice el mismo, momento en que pasará a percibir la prestación en una cuantía igual al 80 % del IPREM,[21] o sea, como si fuese un subsidio de desempleo.[22]

21. Indicador Público de Renta de Efectos Múltiples (N. del E.).
22. Es ilustrativa, al respecto, la STS 4918/2023 (Rcud. 3230/2020) que advierte que, si no se trata de una recaída de un proceso anterior, causar una IT durante la situación de desempleo no amplía el periodo de percepción de la prestación de desempleo. Sí seguirá percibiendo la prestación por IT al finalizar el desempleo, pero en cuantía del 80 % del IPREM.

1.3.4. Cálculo de la base reguladora

NOTAS

Como norma general, la base reguladora es la base de cotización del mes anterior a la fecha de la baja médica de la contingencia causante de la situación de IT,[23] salvo si se trata de un trabajador a **tiempo parcial**, en cuyo caso será el promedio diario de la cotización de los tres meses anteriores.

Si no existe base de cotización del mes anterior, o el número de días de cotización es menor a un mes completo, el cálculo será sobre la base efectivamente cotizada dividida entre el número de días, hasta llegar al de la baja médica.

Hay que tener en cuenta que, si estamos ante un caso de **contingencia profesional**, también deben prorratease las horas extraordinarias anuales.

23. Pero debemos tener cuidado con la concatenación de contratos, que puede dar lugar a la aplicación de la doctrina de la «unidad esencial del vínculo», entendiéndose como una sola relación laboral, algo que llevaría a una base reguladora superior. Por todas las sentencias, véase la STS 1810/2023 (Rcud. 4604/2019).

Pongamos un ejemplo del cálculo de la base reguladora:

- Una persona trabajadora percibe en el mes de enero un salario mensual de 1200 €.
- Además, percibe dos pagas extraordinarias de 1200 € cada una.
- La base de cotización (BC), tanto de contingencias comunes como de las profesionales, sería la siguiente:

Base de cotización (BC)= 1200 € (salario mensual)
+ 200 € [prorrata de pagas extras: (1200 x 2 = 2400) / 12] = 1400 € mensuales.

- La base reguladora diaria, fijada ya la base de cotización y considerando que la persona trabajadora prestó sus servicios laborales para la empresa todo el mes de enero y que ha iniciado el proceso de IT en fecha de 1 de febrero, será:

Base reguladora diaria = 1400 / 31 = 45,16 €.

Por tanto, en cuantía bruta, ya que hay que descontar las cotizaciones y el impuesto sobre la renta (IRPF), el trabajador percibirá los siguientes importes según la contingencia:

- **Accidente de Trabajo / Enfermedad Profesional**

(continuación...)

- El día 1, el salario que corresponda.
- Desde día 2 de la baja médica, 33,87 € diarios (el resultado de multiplicar 45,16 x 75 %).
- **Enfermedad común**
- No percibe cuantía alguna los 3 primeros días.
- Desde el 4.º día hasta el 20.º, percibe 27,10 € diarios.
- Y a partir del 21.º día, percibe 33,87 € diarios.

1.4. EXTINCIÓN, PÉRDIDA O SUSPENSIÓN DEL DERECHO AL SUBSIDIO

Ya indicábamos anteriormente que el derecho al subsidio se **extingue** por diversas causas, entre ellas, por el transcurso del plazo máximo de 545 días naturales desde la baja médica, al que ya hemos hecho amplia referencia.

1.4.1. Motivos de extinción

Por alta médica por una curación o mejoría que permita al trabajador realizar su trabajo habitual

Lógicamente, dado que en los procesos de IT se pierde temporalmente la capacidad laboral como consecuencia de una enfermedad o lesión, la mayoría de ellos finalizan con un alta médica, expedida:

- Por los facultativos correspondientes, antes de los 365 días.
- Por la inspección médica hasta los 545 días, cuando se recupera aquella capacidad laboral. Este hecho no tiene por qué coincidir con la curación plena, y por eso se establece también el concepto de alta por mejoría.

2 **Por ser dada de alta la persona trabajadora**, con o sin declaración de incapacidad permanente

- No siempre, pero tampoco inusualmente, el proceso de IT es el tránsito hasta la declaración de incapacidad permanente, en el grado que corresponda.
- Dicha situación pone fin a la situación previa de IT, una vez que las lesiones son previsiblemente definitivas y objetivamente incapacitantes de forma permanente. En ocasiones, sea por la falta de cotización suficiente, o porque las lesiones no alcanzan el suficiente efecto incapacitante, también se puede dictar un alta médica que, aunque no dé lugar a la declaración de incapacidad permanente, ponga fin al proceso.

Por el reconocimiento de la pensión de jubilación

- El acceso por parte de la persona trabajadora a la jubilación ya sea ordinaria o en cualquiera de sus modalidades anticipadas, supone la finalización del proceso de IT.
- Como excepción, la situación de jubilación **parcial** es compatible con la situación de IT.

Por incomparecencia injustificada a cualquiera de las convocatorias para los exámenes y reconocimientos establecidos por la inspección médica del INSS o por los médicos de la MCSS

- Existe la obligación de comparecer a los reconocimientos médicos a los que sea requerida la persona trabajadora en situación de IT, incluidos los procesos de IT por contingencia común en los que la mutua asuma la gestión económica.
- Si no se comparece, salvo causa justificada, procede la extinción del subsidio.

NOTAS

5 Por fallecimiento

- En este caso permanece el derecho de los causahabientes a percibir las prestaciones devengadas anteriormente y que no llegaran a ser percibidas por el beneficiario.

1.4.2. Motivos de denegación del derecho al subsidio

El derecho al subsidio por IT también puede ser denegado, anulado o suspendido conforme a los siguientes supuestos:

1 Cuando el beneficiario haya actuado **fraudulentamente** para obtener o conservar dicha prestación.[24]

Evidentemente, el fraude **no se presume** y ha de ser objeto de prueba por quien lo alegue. Pero, a título de ejemplo, simular una relación laboral para acceder al subsidio de IT es una causa de suspensión, sin perjuicio de otras responsabilidades que puedan derivar de la aplicación de la Ley de Infracciones y Sanciones en el Orden Social (LISOS) como infracción en materia de Seguridad Social.

24. Cabe señalar que en materia de incapacidad permanente, la STS 2722/2023 (Rcud. 3662/2020) confirma la revocación del derecho a recibir prestaciones cuando la TGSS haya anulado un periodo de cotización por alta ficticia, al simular una relación laboral con la finalidad de acceder a las prestaciones de Seguridad Social.

NOTAS

2 Cuando el beneficiario **trabaje por cuenta propia o ajena**

Lógicamente, es contradictorio que alguien que esté impedido temporalmente para el trabajo realice actividades laborales, y la consecuencia ha de ser la pérdida del derecho siempre que se constate esa actividad incompatible con el estado de salud.

3 Cuando, sin causa razonable, el beneficiario **rechace o abandone el tratamiento** que le hubiera sido indicado

Este supuesto es mucho más complicado, ya que, en no pocas ocasiones, realizar intervenciones médicas puede conllevar potenciales riesgos que el beneficiario no tiene por qué soportar. Hay que diferenciar, por tanto, entre la intención de abandonar el tratamiento para prolongar injustificadamente el proceso de IT y aquellos otros supuestos en que los beneficios del tratamiento y los riesgos (o efectos secundarios) sean superiores a aquellos.

4 **La incomparecencia** del beneficiario a cualquiera de las convocatorias realizadas por los médicos adscritos al INSS y a las MCSS para examen y reconocimiento médico

Tal incomparecencia producirá la suspensión cautelar del derecho con el objeto de comprobar si aquella fue, o no, justificada. El procedimiento de suspensión del derecho y sus efectos se regulará de forma reglamentaria. Como paso previo a la extinción, en su caso, del subsidio, procede

NOTAS

la suspensión para que el beneficiario pueda justificar el motivo de su incomparecencia.[25]

1.5. EL PROCESO DE DETERMINACIÓN DE CONTINGENCIA

Ya hemos apuntado que, en el inicio de los procesos de IT por accidente de trabajo o enfermedad profesional, son los servicios médicos de las MCSS[26] quienes han de cursar el correspondiente parte de baja médica. Sin embargo, en el caso de las contingencias profesionales, cuando aquellos decidan no hacerlo –bien porque consideren que no se cumplen los requisitos de acceso, bien porque la empresa no reconozca la existencia de accidente de trabajo–,[27] cabe articular un procedimiento administrativo que determine **la contingencia causante** de los procesos de IT con el siguiente esquema, siempre que el médico de familia ha emitido parte médico de baja por contingencia común:

---

25. El TS ha reiterado que la falta de justificación de la inasistencia es una causa que extingue la prestación. Pero la STS 2156/2020 (Rcud. 3302/2017) advierte que la mutua ha de ajustarse al procedimiento de notificación correcto de la cita médica.
26. Art. 3.2 RD 625/2014: El facultativo de la mutua que asista al trabajador podrá inicialmente, previo reconocimiento médico preceptivo y la realización, en su caso, de las pruebas que correspondan, considerar que la patología causante es de carácter común; y podrá así remitir al trabajador al servicio público de salud para su tratamiento, sin perjuicio de dispensarle la asistencia precisa en los casos de urgencia o de riesgo vital. A tal efecto, entregará al trabajador un informe médico en el que describa la patología y señale su diagnóstico, el tratamiento dispensado y los motivos que justifican la determinación de la contingencia causante como común, al que acompañará los informes relativos a las pruebas que, en su caso, se hubieran realizado.
27. Tradicionalmente, los infartos de miocardio en tiempo y lugar de trabajo eran las situaciones que provocaban este tipo de procedimientos, por ejemplo, y como más reciente la STS 3457/2022 (Rcud. 2047/2019). En los últimos tiempos, el trabajo a distancia, los accidentes en lugares a que se acude con ocasión de un desplazamiento «en misión» para asistir a un evento relacionado con la actividad profesional (*STS 1650/2023, Rcud. 3119/2020*) o la perspectiva de género en enfermedades profesionales, están dando lugar a multitud de sentencias al respecto.

NOTAS

1.5.1. Sujetos legitimados para iniciar el procedimiento

El procedimiento para determinar la contingencia causante de los procesos de IT se podrá iniciar, a partir de la fecha de emisión del parte de baja médica:

- **De oficio**, por propia iniciativa del INSS o como consecuencia de una petición motivada de la Inspección de Trabajo y Seguridad Social (ITSS), del SPS competente para gestionar la asistencia sanitaria de la Seguridad Social o a propuesta del Instituto Social de la Marina (ISM).
- **A instancia del trabajador** o de su representante legal. Esta es la vía de inicio más común, y se efectúa con un sencillo formulario.
- **A instancia de las MCSS o de las empresas colaboradoras**, en aquellos asuntos que les afecten directamente.

Evidentemente, es más que discutible que en la práctica el INSS ponga obstáculos a la iniciación del procedimiento por parte de las empresas de la persona trabajadora, cuando ya es doctrina consolidada que el empleador tiene un interés, cuanto menos indirecto, en el procedimiento, ya que la declaración de contingencia profesional puede suponer que deba asumir mejoras voluntarias derivadas de dicha declaración, o el recargo de prestaciones por falta de medidas de seguridad e indemnizaciones adicionales por daños y perjuicios.[28]

28. Así se reconoce desde la STS 958/2012 (Rcud. 2720/2010).

1.5.2. Documentación necesaria para determinar la contingencia

Las solicitudes deberán ir acompañadas de toda la documentación necesaria para poder determinar la contingencia, incluidos, en su caso, los informes y pruebas médicas realizados.

1.5.3. Inicio del procedimiento

El INSS comunicará la **iniciación del procedimiento** al SPS competente, a la MCSS o a la empresa colaboradora, según corresponda, cuando el procedimiento no se hubiera iniciado a su instancia y en aquellos asuntos que les afecten, para que, en el plazo improrrogable de 4 días hábiles, aporten los antecedentes relacionados con el caso de que dispongan e informen sobre la contingencia de la que consideran que deriva el proceso patológico y los motivos del mismo.

También se dará **traslado** al trabajador de la iniciación del procedimiento cuando este no hubiera sido a instancia suya, comunicándole que dispone de un plazo de 10 días hábiles para aportar la documentación y hacer las alegaciones que estime oportunas.

Asimismo, el INSS podrá solicitar los **informes** y realizar cuantas actuaciones considere necesarias para la determinación, conocimiento y comprobación de los datos en virtud de los cuales debe dictar resolución. No es inusual que se recabe informe por parte de la ITSS.

1.5.4. Efectos de la incoación del procedimiento

NOTAS

Cuando el SPS hubiera emitido un parte de baja por contingencias comunes, se iniciará el **abono de la prestación** de la IT que por tales contingencias corresponda y hasta la fecha de resolución del procedimiento, sin perjuicio de que, cuando la resolución determine el carácter profesional de la contingencia, la mutua que la cubra deba abonar al interesado la diferencia que resulte a su favor[29] y reintegrar tanto a la entidad gestora, en su caso, la prestación abonada a su cargo (mediante la compensación de las cuantías que procedan) como también reintegrar al SPS el coste de la asistencia sanitaria que se haya prestado.

Asimismo, cuando la contingencia profesional estuviera a cargo de la entidad gestora, esta abonará al interesado las diferencias que le correspondan.

De igual modo se procederá cuando la resolución determine que la contingencia es común, modificando la anterior calificación como contingencia de tipo profesional, y su protección hubiera sido dispensada por una mutua. Esta contingencia está cubierta por la entidad gestora y el SPS en lo que respecta a los gastos generados por las prestaciones económicas y asistenciales, hasta la cuantía que corresponda a dicho tipo de prestaciones en consideración a su carácter común.[30] Asimismo, la mutua, cuando proteja ambas contingencias, realizará las correspondientes compensaciones en sus cuentas.

29. No obstante, la jurisprudencia ha matizado que los efectos económicos de determinar la contingencia sobre un proceso de IT iniciado como enfermedad común y posteriormente declarado como accidente de trabajo, tiene un efecto retroactivo máximo de 3 meses desde la solicitud. Por todas las sentencias, véase la STS 4056/2022 (Rcud. 856/2019).
30. En este sentido, la STS 5041/2024 (Rcud. 5141/2023) establece la obligatoriedad del SPS de reintegrar la totalidad de gastos farmacéuticos abonados a un trabajador en IT, inicialmente por accidente de trabajo, cambiando la calificación de la contingencia a la de enfermedad común, sin exclusión del aporte del trabajador.

NOTAS

Establece, lo que es lógico, la compensación entre entidades gestoras y colaboradoras y el abono al trabajador de la diferencia a su favor, y en su caso.

1.5.5. Informe preceptivo del Equipo de Valoración de Incapacidades (EVI)

Este equipo emitirá un informe preceptivo, que elevará al director provincial del INSS, en el que se pronunciará sobre la contingencia que ha originado el proceso de dicha incapacidad.

1.5.6. Plazo para resolver

Emitido el informe del EVI, el director provincial competente del INSS dictará la resolución que corresponda, en el plazo máximo de 15 días hábiles a contar desde la aportación de la documentación por las partes interesadas o del agotamiento de los plazos fijados para ello.

Estos plazos son, en la práctica, ampliamente superados y, no existiendo al respecto una previsión legal que sea específica, entendemos que, en lo que respecta al plazo máximo para emitir una resolución, es de aplicación el plazo genérico de 3 meses establecido para cualquier procedimiento administrativo, entendiéndose el silencio administrativo como **negativo**.

En el ámbito de aplicación del **Régimen Especial de Trabajadores del Mar**, el informe preceptivo del correspondiente EVI será formulado ante el director provincial del Instituto Social de la Marina para que adopte la resolución que corresponda y proceda a su posterior notificación a las partes interesadas.

1.5.7. Contenido de la resolución

NOTAS

La resolución que se dicte deberá pronunciarse sobre los siguientes extremos:

- **Determinar la contingencia**, común o profesional, de la que derive la situación de IT y si el proceso es, o no, recaída de otro anterior.
- **Efectos que correspondan** en el proceso de IT, como consecuencia de determinar la contingencia causante, cuando coincidan en el tiempo dolencias derivadas de distintas contingencias.
- **Sujeto responsable** de las prestaciones económicas y sanitarias.

1.5.8. Comunicación y notificación de la resolución

La resolución será comunicada al interesado, a la empresa, a la mutua y al SPS. Las comunicaciones efectuadas entre las entidades gestoras, la mutua y la empresa se realizarán preferentemente por medios **electrónicos, informáticos o telemáticos** que permitan la mayor rapidez en la información.

Efectos de la resolución

Las resoluciones emitidas por la entidad gestora, en el ejercicio de esta competencia, podrán considerarse dictadas con los mismos efectos que se atribuyen a una resolución de una reclamación previa, conforme a lo dispuesto en el artículo 71 de la Ley 36/2011, de 10 de octubre, regulado-

 NOTAS

ra de la jurisdicción social, con lo que procede interponer una demanda directa contra la misma ante el Juzgado de lo Social.

1.6. IMPUGNACIÓN DEL ALTA MÉDICA

Sin ninguna duda, la compleja regulación actual de la prestación de IT que hemos visto, sus diferentes contingencias protegidas –comunes o profesionales– y el gran número de agentes que intervienen en el proceso –médico de familia, inspección médica, las MCSS y el propio INSS–, configuran un panorama actual de difícil comprensión. Incluso, para quien trata habitualmente con estos temas, se hace más complejo aún por coexistir diferentes mecanismos de **reclamación** contra el alta médica o la extinción de la situación de IT. En este aspecto, cabe indicar:

- Procedimiento de disconformidad contra altas médicas.
- Procedimiento de revisión de altas emitidas por las mutuas.
- Reclamación ordinaria para impugnar altas médicas.

Vamos a intentar esquematizar las diferentes **respuestas ante un alta médica** en función de tres parámetros:

NOTAS

- Según el **momento en que se emite el alta médica**:
  - Antes de los 365 días (primeros 12 meses).
  - A los 365 días (12 meses).
  - Tras los 365 días, pero antes de los 545 días (o sea, desde los 12 meses pero antes de los 18 meses).
  - Tras los 545 días (18 meses).
- Según el **organismo que emite el alta** médica.
- Según la **contingencia**.

Tenemos así los diferentes tipos de altas que pasamos a analizar a continuación.

1.6.1. Altas médicas antes de los 12 meses (de 1 a 365 días)

- Emitida por el **médico de familia**, en supuestos de enfermedad común o accidente no laboral:

  Procede la reclamación previa señalada en el art. 71.2 párrafo 2.º de la Ley 36/2011, en el plazo de 11 días. Se formaliza ante el INSS y la entidad gestora de la prestación de asistencia sanitaria.

- Emitida por la **inspección médica de la comunidad autónoma**, en supuestos de enfermedad común o accidente no laboral:

  Procede la reclamación previa señalada en el art. 71.2 párrafo 2.° de la Ley 36/2011, en el plazo de 11 días. Se formaliza ante el INSS y la propia Inspección Médica o la entidad gestora de la prestación de asistencia sanitaria a la que pertenece, en definitiva, dicha inspección médica.

- Emitida por los **servicios médicos de las mutuas colaboradoras de la Seguridad Social**, en supuestos de accidente de trabajo o enfermedad profesional:

  Debe formalizarse ante el INSS el procedimiento de revisión establecido en el art. 4 del Real Decreto 1430/2009, en un plazo de 10 días. Este artículo permite al trabajador no reincorporarse hasta la resolución del procedimiento, pudiéndose prorrogar los efectos económicos de la situación de IT.

1.6.2. Alta médica a los 12 meses (365 días)

Aquí hay un cambio muy importante, producido por el Real Decreto ley 2/2023. Hasta la publicación de dicho decreto, a partir del día 365.° del proceso de IT, la única entidad competente era el INSS, que tenía prerrogativa exclusiva para:

- Determinar el inicio de un expediente de incapacidad permanente.
- Acordar la prórroga de la situación de IT o, a los efectos que ahora nos importa, el alta médica o la extinción de la situación de IT.

Esta facultad, además, era independiente del origen de la baja médica, es decir, procedía tanto en situaciones de contingencia común como profesional.

NOTAS

Pues bien, el Real Decreto ley 2/2023 reforma el art. 170 de la Ley General de la Seguridad Social (LGSS). A raíz de la publicación de esta norma, al llegar a los 365 días:

- **Si no hay un alta expresa** (sea del médico de familia en lo referente a las contingencias comunes, sea de los servicios médicos de la mutua en lo referente al accidente de trabajo o enfermedad profesional) supone, de forma automática, la prórroga del proceso, que puede llegar (o no) hasta 180 días más, continuando la persona trabajadora en la misma situación de abono de la prestación. Es decir: si mantiene el contrato en vigor, se continúa el pago delegado de la empresa.
- Pero, tan importante como ese cambio trascendental, es que ahora no es el INSS quien se ha de pronunciar mediante una resolución, sino **su propia inspección médica**, es decir, los médicos adscritos al INSS se pronunciarán sobre si procede:
  - El inicio del expediente de incapacidad permanente.
  - El alta médica o extinción IT.

Y, por tanto, ya no se emitirá resolución administrativa, sino comunicado de alta médica.

Entonces, la posibilidad que existía de que, justo a los 365 días, el INSS pudiese dictaminar el alta médica (extinción de IT, señalaban) mediante resolución administrativa, ¿ha sido expulsada de nuestro ordenamiento? Entiendo que no, pero, insisto, ahora **solo la inspección médica** del INSS

NOTAS

puede tomar esa decisión, y no mediante resolución administrativa, sino dictando el correspondiente parte médico de alta.

Ese supuesto sigue estando **excluido** de una reclamación previa –los arts. 71.1 y 141.1 de la Ley 36/2011–, por lo que cabría una demanda directa. No obstante es posible, y seguramente aconsejable, formalizar el procedimiento de disconformidad recogido en el artículo 3 del Real Decreto 1430/2009. La peculiaridad es que el plazo es solo de 4 días naturales aunque, de forma algo críptica, señala que «durante el período de tiempo transcurrido entre la fecha del alta médica y aquella en la que la misma adquiera plenos efectos se considerará prorrogada la situación de incapacidad temporal» (artículo 170.2 LGSS). Por lo tanto, se sigue percibiendo el subsidio, permanece en suspenso el contrato de trabajo y se presenta ante la inspección médica del Servicio Público de Salud.

La kafkiana situación descrita que comporta esta adaptación de la normativa anterior es tal que, desde hace meses, no vemos ninguna resolución o parte de alta médica emitida a los 365 días.[31] Por otra parte, en Cataluña aún es más complicado, ya que la Disposición Transitoria 37.ª de la LGSS señala que «las referencias efectuadas en esta ley a la inspección médica del Instituto Nacional de la Seguridad Social se entenderán realizadas al órgano que realice las mismas funciones en la comunidad autónoma donde el Instituto Nacional de la Seguridad Social aún no disponga de inspección médica, hasta tanto no se constituya y entre en funcionamiento la misma». En el momento en el que el INSS no tiene inspección médica en Cataluña, es la Sub-

---

31. Los inspectores médicos del INSS han manifestado reiteradamente las disfunciones que provoca el actual sistema. Véase https://dx.doi.org/10.4321/s0465-546x2023000200006.

dirección General de Evaluaciones Médicas (SGAM) o el Instituto Catalán de Evaluaciones Médicas (ICAM) quien ejercerá dichas funciones.

NOTAS

1.6.3. Alta médica después de los 12 meses (tras el día 365 hasta el 545)

Durante este periodo, el alta médica solo puede ser emitida, tal y como hemos comentado en el apartado anterior, **por la inspección médica del INSS**. Ya no mediante resolución administrativa como hasta ahora, sino dictando un parte médico de alta.

Lo anterior modifica la situación que tradicionalmente se ha producido durante años. Y es que, hasta la publicación del Real Decreto ley 2/2023, era muy claro que procedía siempre la **reclamación previa** ante la propia entidad gestora, frente a la resolución administrativa dictada por el INSS, según el art. 71.2 párrafo 2.º de la Ley 36/2011, y en el plazo de 11 días.

¿Y ahora? Teniendo en cuenta que la competencia para pronunciarse sobre el proceso de IT se ha trasladado desde el INSS a su propia inspección médica, la redacción del art. 170.3 de la LGSS señala que, frente al alta médica que haya sido emitida por la inspección médica del Instituto Nacional de la Seguridad Social por una causa de curación, por mejoría o por incomparecencia injustificada a los reconocimientos médicos, una vez agotado el plazo de duración de los 365 días, el interesado podrá manifestar, en el plazo máximo de 4 días naturales, su **disconformidad** ante la inspección médica del SPS. Y esto no era posible antes del Real Decreto ley 2/2023.

Debemos estar muy atentos, pues ahora se **prorroga** la situación de IT durante dicho procedimiento al menos durante 11 días si no hay respuesta expresa, y hasta la fecha de la resolución del Servicio Público de Salud.

Esto es un despropósito en Cataluña, ya que supone que el procedimiento de disconformidad se presenta ante el mismo órgano que emitió el alta médica, o sea, la SGAM o ICAM que tomó la decisión, lo cual parece, cuando menos, absurdo.

Ahora bien, ¿ya no cabe reclamación previa frente al alta médica? Entiendo que sí, ya que, a los efectos de impugnación, el art. 170.6 la LGSS remite a lo que está establecido en los artículos 71 y 140 de la Ley Reguladora de la Jurisdicción Social (LRJS). Fijémonos además que, con respecto al procedimiento de disconformidad se dice «podrá», siendo por tanto algo **facultativo** y no obligatorio.

Recapitulando, hay que decir que, frente al alta médica emitida tras el día 365.º y hasta el 545.º, cabe:

- **Procedimiento de disconformidad** en 4 días frente al Servicio Público de Salud.

  Esto es muy importante, porque permite no reincorporarse al trabajo inmediatamente. Frente a la resolución que se dicte en este proceso de disconformidad se debe formalizar una reclamación previa ante ambas entidades gestoras en el plazo de 11 días, sin efecto suspensivo respecto a la reincorporación laboral.

NOTAS

(continuación...)

- O bien, **reclamación previa ante el INSS**, en 11 días.

En este caso, la reincorporación al trabajo debe ser inmediata.

1.6.4. Alta médica tras los 18 meses (más de 545 días)

En estos supuestos, es el INSS, mediante **resolución administrativa de la Dirección Provincial competente**, quien decide extinguir la situación de IT, independientemente del origen de la baja médica, común o profesional. Como va acompañado de la denegación de la declaración de incapacidad permanente, lo que procede, pues hay que ser prácticos, es reclamar contra esa negación de la pensión. El plazo es de 30 días, y se formaliza ante el propio INSS.

Debemos estar muy atentos al **«efecto «colateral»** del alta médica, en cuanto a la obligación de reincorporarse inmediatamente, o no, al trabajo. Hasta el Tribunal Supremo ha tratado dicha cuestión, llegando a declarar como procedente el despido disciplinario por inasistencia injustificada al trabajo,[32] a pesar de haber reclamado contra el alta médica. Con todas las cautelas, lo resumiría así:

32. STS 1566/2023 (Rcud. 1368/2022).

- **Alta médica antes de los 365 días**
  - En el caso de contingencia común y reclamación previa es obligatoria la reincorporación inmediata.
  - En el caso de contingencia profesional y en el procedimiento de revisión del alta de la mutua se produce una prórroga de efectos de la IT y no se exige reincorporación inmediata. No obstante, debe avisarse al empresario y es posible que los efectos en la resolución sean los del alta médica inicial.
- **Extinción IT a los 365 días**
  - Es indiferente el tipo de contingencia y, frente al alta médica, cabe disconformidad, algo que no obliga a reincorporarse hasta la emisión de la resolución o en el transcurso de 11 días.
- **Alta médica entre los 365 y los 545 días**
  - Es indiferente el tipo de contingencia y, frente al alta médica, si se opta por el procedimiento de disconformidad, no es obligatorio reincorporarse hasta la emisión de la resolución o el transcurso de 11 días.
  - Si se opta por reclamación previa, la reincorporación ha de ser inmediata.

CAPÍTULO 2
PROBLEMÁTICA JURÍDICO-LABORAL EN LAS BAJAS POR IT

Por Carlos Javier Galán Gutiérrez
Magistrado de lo Social y profesor

NOTAS

La incapacidad temporal (IT) tiene una doble dimensión: por un lado, es una contingencia **protegida** por el sistema de Seguridad Social –artículos 169 y siguientes de la Ley General de la Seguridad Social (LGSS)–, que da lugar a una prestación, pero, por otro lado, constituye una causa de **suspensión** de la relación laboral –artículo 45.1.c del Estatuto de los Trabajadores (ET)–.

En ese segundo plano, el de la incidencia que tiene la baja por IT en la relación laboral, tanto las empresas como las propias personas trabajadoras suelen plantearse dudas, tales como si se puede despedir a alguien cuando está de baja, qué pasa con el disfrute de sus vacaciones, con el período de prueba, con sus pagas extraordinarias, etc.

Hemos pretendido dar respuestas a este tipo de dudas, de forma comprensible, a lo largo de este capítulo del libro. Abordaremos, desde la propia ley o desde los criterios jurisprudenciales, algunas de las incidencias que afectan más frecuentemente a la relación laboral cuando una persona empleada está en un período de IT.

2.1. IT Y PERÍODO DE PRUEBA

2.1.1. Período de prueba de un contrato de trabajo

En el contrato de trabajo puede concertarse por escrito un período de prueba, con la duración máxima que disponga el convenio colectivo que deba aplicarse.

Cuando el convenio **no establece nada** al respecto, de acuerdo con el artículo 14 del ET, el período de prueba:

NOTAS

- Para los **técnicos titulados**, no puede ser superior a 6 meses.
- Para el **resto de empleados**:
  - En empresas de **menos de 25 trabajadores**, no puede exceder de 3 meses.
  - En empresas de **25 trabajadores o más**, no puede exceder de 2 meses.
- Cuando se trate de contratos **temporales de duración determinada**, sean por circunstancias de la producción o de sustitución, que se concierten por un período que no exceda de 6 meses, el período de prueba no puede exceder de 1 mes, salvo que el convenio colectivo disponga otra cosa.
- En los **contratos formativos para obtención de práctica profesional**, también la duración máxima que puede establecerse es de 1 mes.
- En los **contratos de formación en alternancia** no puede fijarse período de prueba.
- Cuando la persona trabajadora **ha desempeñado ya con anterioridad las mismas funciones** en la empresa bajo cualquier modalidad de contratación, tampoco puede establecerse período de prueba.

Durante el período de prueba, la persona trabajadora debe cumplir todas sus obligaciones y gozará de todos sus derechos, excepto en lo relativo a la extinción, pues durante ese plazo ambas partes pueden **desistir unilateralmente** de la relación laboral sin alegación de causa.

2.1.2. Pacto de suspensión del período de prueba durante la IT

NOTAS

> El período de prueba tiene, para la empresa, la utilidad de poder valorar, durante un tiempo limitado, las capacidades, el rendimiento y la actitud de la persona que ha contratado antes de que el contrato produzca plenos efectos en lo tocante a las garantías ante la extinción del mismo.

Si el empleado no acude al trabajo por estar de baja derivada de enfermedad o de accidente, es obvio que tal evaluación deviene imposible durante el tiempo que dure la IT. La empresa puede encontrarse así con que el período de prueba se vea reducido o llegue incluso a agotarse sin cumplir su objetivo de conocer cómo trabaja la persona recién contratada.

Por ello, la ley permite que dicho período de prueba pueda quedar **suspendido** durante la baja por IT.

El artículo 14.3 del ET determina que:

> Las situaciones de IT, nacimiento, adopción, guarda con fines de adopción, acogimiento, riesgo durante el embarazo, riesgo durante la lactancia, violencia de género, que afecten a la persona trabajadora durante el periodo de prueba, **interrumpen el cómputo** del mismo, siempre que se produzca **acuerdo** entre ambas partes.

NOTAS

Es importante subrayar que, como se desprende del precepto transcrito, solo será así cuando medie un pacto expreso al efecto. Si no se ha acordado la suspensión, el período de prueba seguirá computándose durante la baja laboral del trabajador.

Si bien la ley no contiene referencia alguna sobre el momento de suscribir tal pacto de suspensión, para evitar nulidades del mismo, una vez que la persona trabajadora ya está sometida al poder de dirección empresarial, lo adecuado es **pactarlo de forma anticipada**, incluyendo esa previsión en las cláusulas del propio contrato de trabajo.

Aunque la norma habla de interrupción –lo que, en rigor, supondría iniciar de nuevo el cómputo del período de prueba–, hemos de pensar que realmente lo que está permitiendo es una **suspensión**. Es decir, el período de prueba se reanudará después solo por el tiempo que restase.

Esta interpretación me parece la más adecuada, en primer lugar, porque el mismo ET utiliza impropiamente el verbo «interrumpir» (por ejemplo, en el artículo 59.3) en otros casos en los que no es controvertido para la jurisprudencia considerar que estamos ante supuestos de suspensión. Y, en segundo lugar, porque estimar lo contrario supondría penalizar a las personas trabajadoras que sufriesen una baja por enfermedad o accidente con una duración efectiva del período de prueba mayor de la pactada e incluso, en algunos casos, mayor que el límite legal.

Los modelos de contrato facilitados por el Servicio Público de Empleo incluyen un apartado para consignar la duración que se pacta para el período de prueba, pero no suelen contemplar expresamente esta opción de que la IT suspenda el mismo. Por ello, si se utilizan dichos impresos y quiere incluirse esa previsión, habrá de añadirse una **cláusula adicional**, que podría tener una redacción similar a esta:

NOTAS

«La suspensión del contrato por IT, nacimiento, adopción, guarda con fines de adopción, acogimiento, riesgo durante el embarazo, riesgo durante la lactancia o violencia de género, que afecten a la persona trabajadora comportarán la suspensión del período de prueba pactado».

En caso de haber suscrito dicho pacto, el cómputo del período de prueba se reanudará tras producirse el alta médica y la reincorporación de la persona trabajadora a su puesto.

En el supuesto contrario, si no se ha pactado, el tiempo que el trabajador esté en situación de IT también cuenta y, una vez transcurrido el período de prueba, el contrato producirá plenos efectos, siga o no, en situación de incapacidad temporal.

2.1.3. Decisión empresarial de extinción por no superar el período de prueba durante la IT

La facultad de tener por desistida a la empresa de la relación laboral se mantiene durante el período de prueba, haya o no **pacto de suspensión**.

Respecto a los casos de suspensión del período, en sentencia de 12 de diciembre de 2008, dictada en recurso 3925/2007, el Tribunal Supremo (TS) consideró que:

«A partir de una interpretación meramente literal del precepto, la única conclusión que puede extraerse es la de que, en lo en él previsto, es que aquella situación de enfermedad lo que produce es meramente la interrupción del cómputo» pero que durante la IT «la facultad de extinguir el contrato de trabajo por cualquier causa legal permanece viva en cuanto a que (...) el único efecto que produce la suspensión es la exoneración de las obligaciones de trabajar y remunerar el trabajo».

«En definitiva –concluye el TS–, el pacto de prórroga de la duración del período de prueba que la norma legal autoriza a celebrar inicialmente constituye una garantía para ambas partes en cuanto a que el período de prueba puede ser alargado más allá de los límites legales, pero de ello **no se desprende** que la facultad empresarial de desistir del contrato quede enervada por la existencia de dicho paréntesis».

El mismo criterio sostiene el alto tribunal en aquellos casos en los que esa baja por IT no ha producido suspensión del período de prueba.

La sentencia de 3 de octubre de 2008, que resolvió el recurso 2584/2007, descarta, en primer lugar, la concurrencia de abuso de derecho afirmando que:

NOTAS

«Negar al empleador la facultad resolutoria del contrato (...) dentro del plazo del período de prueba, cuando el trabajador permanece en incapacidad temporal, supondría, en contra de lo legislado, convenido y pactado, convertir el contrato en indefinido, al no poder ejercitar el empleador su derecho resolutorio del contrato fuera del período de prueba de quince días».

Tampoco aprecia la sentencia fraude de ley en la decisión empresarial por cuanto, en el concreto caso que enjuicia:

«El empresario ha cumplido el requisito constitutivo de la forma escrita, no se ha acreditado que la prueba hubiera de ser excluida por una relación laboral anterior y fue **adecuada** la decisión finalizadora del contrato de trabajo a las disposiciones legales y convencionales aplicables y tampoco se ha comprobado la existencia de un móvil o propósito discriminatorio».

Esta última mención a excluir una posible discriminación adquiere especial importancia en la actualidad, como luego se verá, con la vigente previsión de nulidad de la extinción de la relación laboral cuando la decisión empresarial se deba a enfermedad o situación de salud, por lo que la empresa deberá ser especialmente cauta en tales supuestos si desea extinguir el contrato durante el período de prueba.

2.2. EL COMPLEMENTO DE EMPRESA EN LA IT

En ocasiones están establecidas **mejoras retributivas** por parte de las empresas, que vienen a complementar la prestación económica de la Seguridad Social, en todos o algunos de los casos de IT. Dichos complementos pueden fijarse en el contrato de trabajo o en un pacto individual, pero lo más común es que los mismos vengan establecidos en convenios colectivos.

La casuística en su configuración es muy variada, pero es frecuente que se definan como una mejora **porcentual**.

Así, si la cuantía del subsidio de IT, según los casos, es del 60 % o el 75 % de la base reguladora, es usual que estos complementos eleven este porcentaje en todas las situaciones de IT, ya sea en parte o incluso hasta llegar a que el trabajador perciba el 100 % de sus retribuciones ordinarias aun estando de baja. Pero también puede darse solo en algunas situaciones (accidente, hospitalización, enfermedades de determinadas duración...), y durante todo el proceso de IT o solo durante una parte del mismo (a partir de cierto día desde la baja o, al contrario, hasta un máximo de tiempo desde la baja).

Se trata de medidas **pactadas** en la negociación colectiva para mejorar, por parte de las empresas, la limitada acción protectora del sistema público de Seguridad Social para las personas trabajadoras enfermas o accidentadas.

A efectos de su tratamiento legal, la jurisprudencia subraya algunas coincidencias con las prestaciones públicas de Seguridad Social, aunque no les asimila por completo a estas.

NOTAS

Respecto a su cuantía, devengo, exigibilidad, etc., no hay un tratamiento uniforme, sino que hay que estar a lo que disponga la norma donde se establecen, normalmente el convenio colectivo, como se ha dicho.

2.3. IT Y PAGAS EXTRAORDINARIAS

Una de las dudas más frecuentes de las personas trabajadoras es por qué, cuando han estado de baja por enfermedad o accidente, luego ven reducida la cuantía de sus pagas extraordinarias cuando llega el momento de su percepción, normalmente en las épocas de verano y navidad.

Durante la baja por IT se suspende la relación laboral, como hemos dicho. Y, por tanto, la persona afectada, que ha tenido que dejar de trabajar, no percibe su salario, sino que cobra una prestación de la Seguridad Social.

Aunque generalmente se le pague en su nómina, mediante la figura que se denomina **pago delegado**, la empresa recupera luego la prestación que le está ingresando a la persona trabajadora, porque se lo deducirá de sus propias cotizaciones a la Seguridad Social.

Como se ha detallado en el primer capítulo de este libro, esa prestación pública consiste en un porcentaje de la base reguladora (que suele ser la base de cotización del mes anterior). Esa base de cálculo ya incluye la parte proporcional de las pagas extraordinarias.

NOTAS

Durante ese período de suspensión por IT, no se devenga, por tanto, el salario, ni las mensualidades ordinarias ni las pagas extraordinarias. Se protege la situación con una prestación pública que ya ha tenido en cuenta en su cálculo la prorrata de las pagas extraordinarias.

La excepción a ello son los supuestos referidos anteriormente en los que se establezca un complemento de IT a cargo de la empresa que pudiera incluir, por ejemplo, el cobro del 100 % de las retribuciones y, por tanto, también las pagas extraordinarias.

2.4. IT Y VACACIONES

Las vacaciones periódicas retribuidas son un derecho del trabajador que tiene incluso reconocimiento constitucional (art. 40 de la Constitución Española), como uno de los principios rectores de la política económica y social de nuestro ordenamiento jurídico.

El artículo 38 del ET consagra un período de vacaciones anuales retribuidas, con la duración pactada en el convenio colectivo de aplicación o en el contrato de trabajo individual pero, en todo caso, **no inferior** a 30 días naturales.

Los períodos de disfrute se fijarán **de común acuerdo** entre empresario y trabajador, teniendo en cuenta lo que puedan fijar los convenios colectivos. En caso de discrepancia, puede acudirse a un procedimiento sumario para que el juez resuelva.

Las personas trabajadoras deben conocer su calendario de disfrute con al menos 2 meses de antelación.

NOTAS

2.4.1. IT sobrevenida antes del disfrute de vacaciones

El artículo 38 del ET dispone que, cuando el periodo fijado en el calendario de vacaciones de la empresa coincida en el tiempo con una IT derivada del embarazo, parto o lactancia natural o con el periodo de suspensión del contrato de trabajo por nacimiento, adopción o cuidado de menor, se tendrá derecho a disfrutar las vacaciones en **fecha distinta** a la de la IT (o a la del disfrute del permiso correspondiente) al finalizar el periodo de suspensión, aunque haya terminado el año natural al que correspondan las vacaciones.

Añade que, en el supuesto de que el periodo de vacaciones coincida con una IT por otras contingencias distintas de las mencionadas que imposibilite a la persona trabajadora disfrutarlas, total o parcialmente, durante el año natural al que corresponden, podrá hacerlo una vez que **finalice** su IT y siempre que no hayan transcurrido más de 18 meses a partir del final del año en que se hayan originado.

La Directiva de la Unión Europea 2003/88/CE del Parlamento Europeo y el Consejo establece, en su artículo 7, que:

«Los Estados miembros adoptarán las medidas necesarias para que todos los trabajadores dispongan de un período de al menos cuatro semanas de vacaciones anuales retribuidas, de conformidad con las condiciones de obtención y concesión establecidas en las legislaciones o prácticas nacionales».

Y que «el período mínimo de vacaciones no podrá ser sustituido por una compensación financiera, excepto en caso de conclusión de la relación laboral».

Además, la Directiva no admite que las legislaciones nacionales establezcan excepciones en lo dispuesto respecto a vacaciones.

La sentencia de la Gran Sala del Tribunal de Justicia de la Unión Europea (TJUE) de fecha 20 de enero de 2009, dictada en los asuntos acumulados C-350/06 y C-520/06, asegura que:

«La finalidad del derecho a vacaciones anuales retribuidas no es otra que permitir que los trabajadores descansen y dispongan de un período de ocio y esparcimiento. Por esta razón, tal finalidad **difiere** de la finalidad del derecho a licencia por enfermedad. Este último derecho se reconoce a los trabajadores con el fin de que puedan recuperarse de una enfermedad».

Entiende el Tribunal de Justicia que, como ha declarado en sentencias anteriores,:

«Un permiso garantizado por el Derecho comunitario no puede menoscabar el derecho a disfrutar de otro permiso garantizado por ese mismo Derecho».

Este pronunciamiento del TJUE provocó un cambio en la jurisprudencia del Tribunal Supremo español que, en sentencia dc 24 de junio de 2009, dictada en recurso 1542/2008, cambia de criterio respeto al que venía manteniendo, e interpretó la normativa interna a la luz de los nuevos criterios fijados por el TJUE.

NOTAS

El TS considera ahora que:

«El pleno disfrute del derecho a las vacaciones únicamente puede conseguirse cuando el trabajador se encuentre **en condiciones físicas y mentales** de hacer uso del mismo, de forma que no cabe entender que un trabajador en situación de IT pueda disfrutar adecuadamente de las finalidades atribuidas a las vacaciones».

Por este motivo ha de fijarse, en unificación de doctrina, el criterio de que:

«La situación de IT que surge con anterioridad al período vacacional establecido y que impide disfrutar de este último en la fecha señalada, tampoco puede ni debe erigirse en impedimento que neutralice el derecho al disfrute de dicha vacación anual que todo trabajador ostenta por la prestación de servicios en la empresa».

Por tanto, si el trabajador cae de baja por IT, sea cual sea la causa, en fechas que coinciden con las que se habían fijado para sus vacaciones, no las pierde, sino que tiene derecho a un nuevo señalamiento en fechas distintas una vez sea dado de alta de la IT. Únicamente si la relación laboral hubiera terminado, se sustituirán dichas vacaciones por su correspondiente compensación económica.

NOTAS

En este sentido, las sentencias del Tribunal de Justicia de la Unión Europea de 10 de septiembre de 2009 (Sala Primera, asunto C-277/08) y de 21 de junio de 2012 (Sala Quinta, asunto C-78/11) admitieron el derecho a obtener una compensación económica en concepto de vacaciones anuales retribuidas y no disfrutados únicamente cuando ya ha finalizado la relación laboral, pues:

«En aras de una protección eficaz de su seguridad y de su salud, el trabajador debe normalmente poder disfrutar de un descanso efectivo, ya que el artículo 7, apartado 2, de la Directiva 2003/88 solo permite que el derecho a vacaciones anuales retribuidas sea sustituido por una compensación económica en caso de que concluya la relación laboral».

2.4.2. IT sobrevenida durante el disfrute de las vacaciones

Cuando la baja por IT no se produce antes de la fecha prevista para las vacaciones, sino ya durante el disfrute de las mismas, la jurisprudencia española entendía anteriormente que era «un riesgo que, en tal situación, debe asumir el propio trabajador» (STS de 24 de junio de 2009, recurso 1542/2008).

Pero dicha interpretación **ya no está en vigor**, porque el Tribunal de Justicia de la Unión Europea considera que contraviene la normativa de la UE.

NOTAS

La sentencia de la Sala Quinta de 21 de junio de 2012, dictada en asunto C-78/11, determina que una interpretación de la normativa española (art. 38.3 ET), que impidiese el disfrute posterior de las vacaciones en el caso del solape sobrevenido con una incapacidad, atentaría contra la indicada disposición europea.

El tribunal sustenta tal conclusión en el hecho de que la legislación de la Unión prohíbe las disposiciones de los países miembros que establezcan que un trabajador que se encuentre en situación de IT sobrevenida durante las vacaciones, no tiene derecho a disfrutar estas en un periodo posterior.

Argumenta que:

«Sería aleatorio y contrario a la finalidad del derecho a las vacaciones anuales retribuidas (...) conceder ese derecho al trabajador únicamente a condición de que este último ya se encuentre en situación de incapacidad laboral cuando se inicie el período de vacaciones anuales retribuidas».

Así, el tribunal recuerda que:

«Ya ha declarado en este contexto que el nuevo período de vacaciones anuales que se corresponde con la duración del solapamiento entre el período de vacaciones anuales inicialmente fijado y la baja por enfermedad, del que el trabajador puede disfrutar una vez dado de alta médica, puede fijarse, en su caso, fuera del período de referencia de las vacaciones anuales en cuestión».

2.4.3. Devengo de vacaciones durante la IT

Aunque la persona en situación de baja tenga suspendida la prestación de servicios, se sigue devengando un nuevo derecho a vacaciones durante ese período de IT. Es decir, no verá reducidas sus siguientes vacaciones por no haber podido prestar servicios durante un período de tiempo del año.

En ese sentido, el artículo 5.4 del Convenio de la Organización Internacional del Trabajo (OIT) n.º 132 (un tratado internacional suscrito por España y por tanto plenamente aplicable en nuestro país) determina como IT por enfermedad o accidente la ausencia al puesto de trabajo por motivos independientes de la voluntad de la persona interesada, afirmando que tales ausencias serán contadas como parte del período de servicios efectivo a los efectos de generar vacaciones.

2.5. EXTINCIÓN DEL CONTRATO DURANTE LA IT

El trabajador que está de baja por enfermedad o accidente, una ver extinguido el contrato, dejará de percibir su prestación de IT por la modalidad de pago delegado (es decir, en lo sucesivo no se la abonará la empresa para la que ha dejado de prestar servicios) y tendrá que solicitar percibirla por la modalidad denominada de **pago directo**, es decir, cobrarla mensualmente de la entidad gestora (el INSS) o de la entidad colaboradora (la mutua con la que la empresa tenga, en su caso, concertada la contingencia de que se trate).

2.5.1. Finalización de contrato temporal

NOTAS

Los contratos temporales se extinguirán normalmente llegado su término, aunque el trabajador esté en situación de IT. La **suspensión** de los mismos causada por una IT no prolonga la duración de los contratos, salvo pacto en contrario.

Así lo viene estableciendo la jurisprudencia de forma clara:

«Es rechazable la tesis (...) de que en los contratos temporales la incapacidad laboral transitoria suspende no sólo el contrato, sino también el transcurso del plazo de vigencia del mismo, ya que en ellos las partes *ab initio* se comprometen a limitar su duración, produciéndose la extinción con independencia del estado de salud o de enfermedad del trabajador, ya que la causa determinante de la finalización es la llegada del término fijado previamente por las partes» (STS de 16 de enero de 1986).

En los contratos que tienen una fecha precisa de finalización previamente fijada (como los formativos, eventual por circunstancias de la producción, etc.), la llegada de ese término contractual supone, sin más, la extinción del contrato, siendo indistinto si el trabajador está en situación de IT o si no lo está, y también sería improcedente esa extinción en los mismos supuestos tasados (utilización del contrato temporal en fraude de ley, por ejemplo).

En aquellos contratos en los que, por definición, la extinción no se produce necesariamente en una fecha prefijada sino que depende de un hecho (por ejemplo, en el contrato

por sustitución, la reincorporación del trabajador al que se está sustituyendo), el contrato se extinguirá una vez llegado el supuesto que determina el fin contractual, aunque resultaría necesario comunicárselo de forma **expresa** al trabajador.

2.5.2. Despido durante la situación de IT

La extinción procedente del contrato por causas objetivas o por despido disciplinario cuando el trabajador está en situación de IT exigirá, como en cualquier otro caso, que se acrediten causas válidas y que cumplan todos los requisitos formales y procedimentales.

La extinción del contrato de trabajo por **causas objetivas** puede ser individual o colectiva, en función de la proporción de plantilla a la que afecte, y podrá producirse cuando se den:

- Causas **económicas**

  Es decir, cuando se desprenda una situación económica negativa de los resultados de la empresa, como la existencia de pérdidas actuales o previstas, o la disminución persistente de su nivel de ingresos ordinarios o de ventas.
- Causas **técnicas**

  Cuando se produzcan cambios, entre otros, en el ámbito de los medios o instrumentos de producción.
- Causas **organizativas**

  Cuando se produzcan cambios, entre otros, en el ámbito de los sistemas y métodos de trabajo del personal o en el modo de organizar la producción.

NOTAS

(continuación...)

- Causas **productivas**

  Cuando se produzcan cambios, entre otros, en la demanda de los productos o servicios que la empresa pretende colocar en el mercado.
- También cabe la extinción individual por causas objetivas en determinados supuestos **definidos legalmente**, de ineptitud sobrevenida de la persona trabajadora o de falta de adaptación de esta a las modificaciones técnicas operadas en el puesto de trabajo a pesar de haberle facilitado formación.

Cabe el **despido disciplinario** cuando se produce un incumplimiento muy grave y culpable de la persona trabajadora, como en los casos de:

- Las faltas repetidas e injustificadas de asistencia o puntualidad al trabajo.
- La indisciplina o desobediencia en el trabajo.
- Las ofensas verbales o físicas al empresario o a las personas que trabajan en la empresa o a los familiares que convivan con ellos.
- La transgresión de la buena fe contractual, así como el abuso de confianza en el desempeño del trabajo.
- La disminución continuada y voluntaria en el rendimiento de trabajo normal o pactado.
- La embriaguez habitual o toxicomanía, si repercuten negativamente en el trabajo.

NOTAS

(continuación...)

- El acoso por razón de origen racial o étnico, religión o convicciones, discapacidad, edad u orientación sexual y el acoso sexual o por razón de sexo, al empresario o a las personas que trabajan en la empresa.

En todos estos casos las normas exigen el cumplimiento de una serie de requisitos de forma o de procedimiento.

En caso de una **impugnación judicial** de la extinción, se declararía procedente cuando la empresa acredite las causas legales que haya invocado y también que ha cumplido todos los requisitos. En caso contrario, se declara improcedente.

Por otra parte, el despido puede declararse nulo cuando se produce en determinadas situaciones tasadas legalmente (embarazo o permisos y reducciones relacionados con la conciliación entre la vida personal, familiar y laboral) o bien cuando se produce con violación de los derechos fundamentales y libertades públicas de la persona trabajadora.

Lo que ha ido cambiando a lo largo de los años son las **consecuencias** del despido durante una IT cuando no se acreditan las causas:

- **Antes de la reforma laboral de 1994**, el despido de una persona trabajadora que se encontrase en situación de IT se calificaba como nulo en caso de no resultar procedente.
- **A partir de dicha reforma**, se vino aplicando, como efecto para esos casos, la improcedencia del despido. Se

NOTAS

consideraba, a grandes rasgos, que la discriminación por razón de salud no estaba incluida entre las causas de nulidad del despido (por ejemplo, así lo entendió la STS de 29 de enero de 2001).

La situación cambió por una sentencia del Tribunal de Justicia de la Unión Europea, Sala Tercera, de 1 de diciembre de 2016, dictada en el asunto 395/15. De acuerdo con esa doctrina del TJUE, se podría aplicar la **nulidad** cuando la IT resultase equiparable al concepto de discapacidad por existir una previsión de una situación duradera, sin «una perspectiva bien delimitada en cuanto a su finalización a corto plazo».

Actualmente, la situación ha cambiado nuevamente tras la Ley 15/2022, de 12 de julio, integral para la igualdad de trato y la no discriminación, que incluye expresamente entre sus causas de discriminación prohibidas «la enfermedad o condición de salud».

Así, de acuerdo con su artículo 26 serán:

«Nulos de pleno derecho las disposiciones, actos o cláusulas de los negocios jurídicos que constituyan o causen discriminación» por alguno de los motivos contemplados en la ley.

Por tanto, un despido que resulte discriminatorio por razón de la IT, debe ser calificado como **nulo**.

Estamos ante una ley reciente y, por tanto, sin jurisprudencia unificada en relación a sus previsiones. No obstante, la mayor parte de la doctrina y las resoluciones judiciales

NOTAS

que se han ido dictando tras su entrada en vigor coinciden en algunas cuestiones básicas. De este modo, al incluir expresamente la nueva Ley Orgánica la enfermedad y la condición de salud como tales entre los motivos de discriminación prohibidos, ya **no se exigirá** que se acredite una mayor o menor gravedad de la enfermedad o una mayor o menor duración previsible de la misma para que entre en juego la calificación de nulidad.

No nos encontramos ante una causa de nulidad objetiva del despido como las reguladas en las letras a), b) y c) del apartado 5 del artículo 55 del ET. Este tipo de situaciones –el embarazo y los permisos y las suspensiones que se enumeran en esta norma– dispensan una especial protección legal a la persona trabajadora, que opera con independencia de cuál fuera la intención o el móvil de la empresa al adoptar su decisión, e incluso en supuestos en los que no conociera la situación de embarazo, por ejemplo. Estamos, por lo tanto, en la previsión del primer párrafo del citado artículo 55.5 del ET, esto es, aquellos despidos que tengan «por móvil alguna de las causas de discriminación prohibidas en la Constitución Española o en la ley».

Por tanto, no es suficiente que concurra siempre una mera situación objetiva –despido durante la IT–, sino que la declaración de nulidad precisa de la **acreditación** de que tal decisión empresarial está relacionada con la propia enfermedad, sin perjuicio de que a esa conclusión pueda llegarse por la vía de la presunción y de la inversión de la carga probatoria, como veremos a continuación.

El artículo 30.1 de la citada Ley Orgánica de Igualdad de Trato dispone que:

«De acuerdo con lo previsto en las leyes procesales y reguladoras de los procedimientos administrativos, cuando la parte actora o el interesado alegue discriminación y aporte indicios fundados sobre su existencia, corresponderá a la parte demandada o a quien se impute la situación discriminatoria la aportación de una justificación objetiva y razonable, suficientemente probada, de las medidas adoptadas y de su proporcionalidad».

En similar sentido se expresan los artículos 96.1 y 181.2 de la Ley Reguladora de la Jurisdicción Social (LRJS).

Esto quiere decir que, si la persona trabajadora que ha sido despedida aporta indicios de que esa decisión ha podido guardar relación con su situación de IT, entonces se invierte la carga de la prueba. A partir de ahí, se entenderá que el despido ha sido por el estado de salud y, por tanto, se declarará su nulidad si la empresa no acredita cumplidamente otra causa justificada ajena a tal situación.

Corresponde al juzgador valorar en su conjunto los elementos de cada supuesto para apreciar si concurren factores que induzcan a la creencia racional de que el despido pudo ser debido a la situación de salud de la persona trabajadora. Si el juez aprecia tales indicios, el despido será procedente cuando la empresa acredite causas justificadas ajenas a la IT, y será nulo si no lo acredita.

De acuerdo con el artículo 55.6 del ET, el despido nulo tendrá el efecto de la **readmisión inmediata** de la persona despedida, con abono de todos los salarios que haya dejado de percibir desde su despido hasta su efectiva readmisión.

De todo lo anterior también se desprende que las únicas opciones de calificación en un despido durante la enfermedad de la persona trabajadora no serán la procedencia o la nulidad, sino que también cabe la improcedencia del mismo cuando no existan indicios de que esté vinculada con la IT como, por ejemplo, si se acredita que obedece a una causa real, ajena a cualquier propósito discriminador, pero a su vez no se han cumplido todos los requisitos formales o sustantivos para la procedencia del despido.

2.6. IT Y OTRAS DECISIONES EMPRESARIALES

Nada impide, en principio, que la empresa adopte justificadamente otras medidas previstas en la ley tales como la movilidad funcional, traslados, suspensiones de contrato o reducciones de jornada, etc., respecto a una persona que esté en situación de IT, pero se aplicarán los mismos criterios que hemos expuesto con detalle en los despidos, esto es, que deben concurrir las causas que los justifican legalmente y cumplirse el resto de los requisitos formales.

Si la persona trabajadora aporta indicios ante el juzgado que permitan suponer que la decisión empresarial obedece a su situación de salud, se declarará la nulidad de la medida empresarial, a no ser que se acrediten causas justificadas ajenas a la propia IT.

2.7. CONTRATO DE SUSTITUCIÓN POR IT

En nuestro ordenamiento, las relaciones laborales deben ser indefinidas, salvo cuando concurra una de las causas lícitas para concertar un contrato de trabajo de duración determinada.

Pues bien, tras la reforma laboral introducida por el Real Decreto Ley 32/2021, el artículo 5.3 del ET regula el llamado contrato de sustitución.

> Se permite concertar este contrato cuando se persiga la finalidad de sustituir a una persona trabajadora que tiene un derecho a reserva de su puesto de trabajo.

Uno de esos supuestos de reserva es precisamente la suspensión de la relación por IT. Es decir, cuando una persona trabajadora cae de baja, puede utilizarse este contrato para contratar a otra que la sustituya.

En el contrato es obligatorio especificar el **nombre** de la persona sustituida y la **causa** de la sustitución.

La norma permite que la prestación de servicios pueda iniciarse **antes** de que se produzca la ausencia de la persona sustituida, coincidiendo ambas personas en el desarrollo de las funciones el tiempo imprescindible para garantizar el

desempeño adecuado del puesto y, como máximo, durante 15 días. Normalmente esta previsión no podrá utilizarse en casos de una IT, que habitualmente son sobrevenidos, pero sí puede darse en determinadas situaciones como puede ser una intervención quirúrgica programada que dé lugar a una IT, pues en esos casos suele conocerse la fecha en la que se producirá.

La **extinción** del contrato de sustitución ocurrirá cuando la persona sustituida obtenga su alta en la IT y se reincorpore al trabajo.

2.8. IT Y SUBROGACIÓN EMPRESARIAL

Si durante la baja por IT se produce una **sucesión empresarial**, es decir, si otra empresa sucede a la empleadora en todos sus derechos y deberes y se hace cargo de toda la plantilla, se debe incluir en dicha sucesión a la persona trabajadora que esté en situación de IT. Aunque su contrato esté suspendido por IT, ha de ser **objeto de subrogación** y, por tanto, pasará a la nueva empresa.

En esos casos, la nueva empresa se ocupará del **pago delegado** de la IT o la nueva mutua se hará cargo del pago directo, según proceda.

2.9. IT Y HUELGA O CIERRE PATRONAL

El artículo 173.3 de la Ley General de la Seguridad Social (LGSS) dispone que:

NOTAS

Durante las situaciones de huelga y cierre patronal el trabajador no tendrá derecho a la prestación económica por incapacidad temporal.

Si la persona trabajadora causó una baja médica con anterioridad a la huelga legal o al cierre patronal, entonces **continuará** percibiendo la prestación de IT.

En cambio, si causa una baja médica mientras ejerce su derecho de huelga (por tanto, con el contrato suspendido) o durante un cierre patronal:

- **No percibirá** la prestación hasta que finalicen tales situaciones si deriva de contingencias comunes (enfermedad común o accidente no laboral).
- Pero, si la IT deriva de contingencias profesionales, esto es, si está causada por un accidente de trabajo o por enfermedad profesional, **sí que se reconoce y se le paga** la prestación.

2.10. DEBERES Y DERECHOS DE LA PERSONA TRABAJADORA DURANTE LA IT

La IT supone la **suspensión** de la relación laboral (art. 45.1.c del ET), por lo que cesan únicamente las obligaciones de prestación del trabajo y de remuneración del mismo (art. 45.2). La persona empleada no acudirá a trabajar y no cobrará su retribución habitual, sino que percibirá la pres-

NOTAS

tación por IT y, en su caso, los complementos de empresa que procedan.

Pero el resto de derechos y obligaciones laborales **no se suspenden** durante la IT. Así, la persona trabajadora sigue teniendo derecho a la libre sindicación, a la participación en la empresa, a la promoción, a la formación profesional, etc., en la medida en que no sean incompatibles con su situación. E incluso, también mantiene su obligación de no concurrencia con la actividad empresarial, de no transgredir la buena fe contractual, etc.

Además de los reconocimientos a los que le puedan someter la mutua, el INSS o los servicios públicos de salud, la persona trabajadora en situación de IT está también obligada a someterse al **control médico** que pudiera requerirle la empresa, en los términos del artículo 20.4 del ET, una previsión poco utilizada por las empresas. La negativa permitirá a la entidad empleadora suspender sus propias obligaciones económicas derivadas de la situación de IT, aunque no se suspendería la prestación a cargo de la Seguridad Social, que debe abonar por pago delegado. También, de obtener un resultado que no sea congruente con la situación de IT, podrá informar de ello a quien tenga competencia para el seguimiento del proceso (inspección del servicio público de salud, mutua o INSS).

El trabajador está obligado, según una amplísima y constante doctrina jurisprudencial, a no realizar actividades que sean **incompatibles** con su situación de IT y con el tratamiento o las indicaciones prescritas, es decir, por lo

general aquellas que puedan dilatar, perjudicar o impedir su proceso de recuperación. La realización de tales conductas puede ser incluso sancionable con el despido, al amparo del artículo 54.2.d del ET, por darse una transgresión de la buena fe contractual.

Una de las consultas más frecuentes es si la persona de baja puede **viajar**. La respuesta es que puede hacerlo si:

- El servicio médico que le esté tratando se lo permite.
- No está contraindicado para la concreta dolencia que padezca.
- No incide negativamente en su tratamiento o recuperación.

Lo mismo sucede, en general, con cualesquiera **actividades de ocio**: la posibilidad de su realización dependerá de la compatibilidad de las mismas con el estado de salud y las pautas de recuperación.

Actualmente, las personas de baja ya **no tienen obligación** de entregar a la empresa partes de baja médica o de confirmación en papel, como sucedía antes, sino que la empresa recibe información telemática desde la administración.

Sin embargo, la Sala de lo Social de la Audiencia Nacional, en sentencia 136/2023, de 18 de diciembre, ha considerado que ello **no es incompatible** con que el convenio colectivo pueda imponer la obligación de avisar de las ausencias por causas médicas:

«Una cosa es 'justificar' la ausencia, que supone 'probar algo con razones convincentes, testigos o documentos', según expresa el diccionario de la RAE y otra bien distinta 'comunicar' la ausencia que se dirige a 'descubrir, manifestar o hacer saber a alguien algo' (...)».

En el caso de la IT, la justificación se producirá por el parte del servicio público de salud o de la mutua que se transmita telemáticamente, pero sí es posible que se exija que el trabajador informe, para que así haya una «puesta en conocimiento inmediata de un proceso de baja que repercute de forma evidente en la organización del trabajo».

De esta forma «no se altera de ningún modo la previsión derivada del RD 1060/2022», que suprimió la obligación de la entrega física de los partes por la persona de baja, pero «se complementa con una previsión, a nuestro juicio, acorde con una adecuada prestación del servicio, sin que se produzca perjuicio alguno para el trabajador».

La Audiencia Nacional considera incluso que ese aviso de ausencia de la persona trabajadora que cae de baja «implica el ejercicio del derecho bajo los cánones de la buena fe, que ha de regir la relación laboral» de acuerdo a lo que señala el artículo 5.1.a) del ET.

2.11. DEBER DE REINCORPORACIÓN TRAS LA IT

NOTAS

La persona trabajadora a la que se le expida el alta en IT tiene la obligación de reincorporarse a su puesto de trabajo el día laborable **siguiente** al de la fecha de efectos o, en su caso, de la fecha de notificación.

En el capítulo I ya se detalló por el profesor Miguel Arenas en qué supuestos la impugnación de la baja puede suponer la no reincorporación y durante cuánto tiempo se prolonga esa situación. Fuera de esos supuestos y plazos expresamente previstos, el alta implica la obligación de volver al trabajo, aunque se haya impugnado.

En estos casos, la falta de reincorporación es **equiparable** a una ausencia injustificada al trabajo que, de persistir, puede incluso justificar el despido. En este sentido, la sentencia de la Sala de lo Social del Tribunal Supremo n.º 276/2023, de 17 de abril, consideró procedente el despido de un trabajador que no se reincorporó por tener impugnada su alta médica.

CAPÍTULO 3
LA INVESTIGACION DE BAJAS POR IT FRAUDULENTAS

Por David A. Sanmartín Olivier
Detective privado y abogado

3.1. INTRODUCCIÓN

NOTAS

El problema del absentismo en la empresa tiene múltiples enfoques, ya sean respuestas provenientes de la medicina (prevención, ergonomía, diagnóstico y tratamiento, etc.) hasta las que vienen de la economía (primas de asistencia, complementos convencionales de IT, etc.) o del derecho. Todas ellas aportan su grano de arena para la lucha contra el absentismo, pero todas ellas son total o parcialmente ineficaces cuando se topan con el fenómeno del fraude.

En este capítulo vamos a hablar de herramientas para **detectar y acreditar el fraude**, de las facultades de la empresa para controlar las actividades del trabajador en situación de IT, del valor legal de dicho control y de los efectos que tiene, en la empresa, la lucha contra el absentismo fraudulento.

Para ir entrando en materia, permítame exponerle un escenario hipotético:

- Suponga que usted es responsable de Recursos Humanos de una empresa, o que sencillamente es el gerente o el dueño de tal empresa.
- Suponga que su índice de absentismo es superior al de sus competidores y que, además, tiene fundadas dudas sobre la veracidad (o la finalidad) de las situaciones de IT de algunos de sus trabajadores.
- Imagine que puede obtener la información y las pruebas necesarias para descubrir a aquellos trabajadores cuya situación de IT es fraudulenta y que procede al despido disciplinario de los mismos.

(continuación...)

- Imagine también, ya puestos, que en menos de una semana el índice de absentismo en la empresa se reduce significativamente.
- Por último, imagine que las demandas por despido interpuestas por los trabajadores despedidos son desestimadas por el Juzgado de lo Social.

Si el anterior escenario le seduce, aunque sea como último remedio contra el absentismo, este capítulo le interesa.

3.2. EL ABSENTISMO COMO FORMA DE FRAUDE

Podemos hablar de **absentismo fraudulento** en cualquiera de los siguientes supuestos:

- Cuando la adquisición o mantenimiento de la situación de IT se ha producido mediante **engaño**.
- Cuando, habiendo existido una justificación inicial para la declaración de IT, el trabajador ya se encuentra en condiciones de reincorporase al trabajo y **no lo hace**.
- Cuando, independientemente del estado del trabajador, la obtención de la situación de IT persigue la disponibilidad de tiempo para **ocuparlo en otras actividades** laborales o profesionales, sean por cuenta propia o de terceros.

NOTAS

En todos los casos, hablamos de **concurrencia de fraude**, en la medida en que el trabajador utiliza una institución para una finalidad distinta de la prevista en el ordenamiento jurídico, con perjuicio para la empresa. Esa finalidad puede ser el lucro económico (trabajar en otra actividad), presionar a la empresa para lograr una baja indemnizada o sencillamente auto exonerarse de la obligación de acudir al trabajo.

Como todo fenómeno de fraude, la incidencia del absentismo fraudulento incrementa o decrece en función de dos elementos:

- La expectativa de **lucro** y la necesidad de obtener ese lucro.
- La existencia de medidas de control o, lo que es lo mismo, la sensación de **impunidad**.

La mayor expectativa de lucro aumenta la tendencia al fraude. Por el contrario, el aumento de las medidas de control (la reducción de la sensación de impunidad) disminuye la tendencia al fraude. Entiéndase lucro desde un sentido amplio del término: dinero, tiempo libre, presión, etc.

Hasta aquí, y dicho en otras palabras, si la empresa no lucha contra el absentismo fraudulento, la sensación de impunidad aumentará y con ella aumentará la incidencia del primero. Es lo que se conoce como el **efecto expansivo del fraude**.

NOTAS

¿Influyen las crisis económicas en el absentismo fraudulento? ¿Y la estacionalidad? Por supuesto. Estas y otras circunstancias influyen sobre las motivaciones del fraude: la necesidad y la oportunidad:

- El caso de las crisis es paradigmático: una **situación de crisis** puede hacer que aumente la necesidad de ingresos extraordinarios.
- Y una **situación de bonanza** aumenta el consumo, este aumenta la necesidad de mano de obra y esto incrementa la oportunidad de fraude en materia de IT.

¿En qué afecta todo esto a la empresa? Básicamente en que la expectativa y la necesidad de lucro no dependen de ella (o no totalmente) y que la única medida viable y a corto plazo es incidir sobre el factor de la impunidad: **descubrir y probar el fraude**, para así aplicar las medidas disciplinarias oportunas.

3.3. LAS FACULTADES DE CONTROL DE LA EMPRESA Y LA INVESTIGACIÓN PRIVADA

Actuar contra la impunidad presume descubrirla, y lo primero que debemos considerar en este aspecto es el marco legal vigente.

¿Puede la empresa investigar a sus trabajadores en una situación de IT? En breve, la respuesta es que sí. Esta afirmación surge de:

NOTAS

- El propio ET, que en su artículo 20 otorga a la empresa la facultad de disponer las **medidas de control oportunas** de cara a verificar el cumplimiento por parte de sus trabajadores de las obligaciones inherentes al puesto de trabajo. Y todo trabajador en IT es trabajador de la empresa y está sujeto a una serie de obligaciones.
- La Ley 5/2014 de Seguridad Privada (LSP), que regula los servicios de investigación privada. El artículo 5 de dicha ley los reserva, de forma exclusiva, a los despachos de **detectives privados**, y el art. 48 incluye el ámbito laboral entre aquellos campos propios de la investigación privada.
- La doctrina del Tribunal Supremo y de los Tribunales Superiores de Justicia, que han declarado la **licitud** de estas investigaciones y su valor como prueba en juicio. Además, el Tribunal Constitucional ha validado estas decisiones, señalando que el seguimiento de los trabajadores, encargado por la empresa para la cual trabajan, no supone una violación de su derecho a la intimidad.
- Las resoluciones de la Agencia de Protección de Datos, quien ha dictaminado que, en tanto que función legal propia de los detectives privados, el **tratamiento de datos** de terceros por estos es lícito y no requiere del consentimiento del afectado.

Facultades empresariales y habilitación legal del detective privado son aspectos que resultan del propio texto de las normas que las contemplan, ya citadas. Veamos lo que ocurre con el resto de las fuentes indicadas, aportando para ello ejemplos prácticos.

3.3.1. La jurisprudencia de nuestros tribunales

Sentencia del Tribunal Supremo en 1990

La licitud de la contratación de servicios de investigación privada por la empresa ha sido reconocida por el Tribunal Supremo desde antaño.

En la STS, sala 4.ª, de 6 de noviembre de 1990, el TS calificaba el informe de detectives privados como:

«**Medio de prueba**, de habitual utilización ya, y, en ocasiones, instrumento dotado de exclusividad para el eficaz control por el empresario de los deberes exigibles al trabajador»

También indica que:

«El testimonio emitido por los detectives privados tiene, a favor de su veracidad, no solo la garantía de profesionalidad exigible y en principio también presumible, en una profesión reglamentada legalmente, sino también la que, de modo innegable, proporciona la precisa y continuada dedicación al objeto del ulterior testimonio a emitir y las complementarias acreditaciones gráficas o sonoras de que suele ir acompañada».

Por otro lado, la sentencia del TS, sala 4.ª, de 24 de julio de 1990, afirmaba, en un asunto específico de investigación de un trabajador en situación de IT:

«(...) En cuanto al error de derecho, aparte de que los preceptos citados art. 11.1 de la Ley Orgánica del Poder Judicial en relación con los arts. 1.1, 2.1 y 7.5 de la Ley Orgánica 1/82 de Protección Civil de derecho al honor, a la intimidad personal y familiar y a la propia imagen, no contienen normas valorativas de la prueba que hayan podido ser infringidas, en los hechos probados no consta dato alguno que permita deducir que tales derechos fundamentales del actor hayan sido violados por la actuación e informe de los detectives privados, cuya deposición constituye una prueba testifical, que el Juzgador ha de valorar en relación con el conjunto probatorio; (...)».

NOTAS

Sentencias de los Tribunales Superiores de Justicia (STSJ)

Por su parte, los Tribunales Superiores de Justicia (TSJ) han dictado numerosas sentencias con este mismo criterio:

- El de Castilla-La Mancha descartó que los servicios de investigación privada afectaran injustificadamente a la intimidad del trabajador, que fueran ilícitos, ineficaces o que causaran indefensión (sentencia TSJ Castilla-La Mancha 2002/2020, ECLI:ES:TSJCLM:2020:2002).

- El de Cataluña descartó igualmente afectación ilícita al derecho a la intimidad o ilicitud derivada de la normativa de protección de datos (sentencia TSJ Cataluña 5815/2021, ECLI:ES:TSJCAT:2021:5815).
- El de Aragón descartó que la actividad de detectives privados supusiera la violación del derecho a la intimidad o la inducción a la infracción por el hecho de que un detective contactase con el trabajador, haciéndose pasar por un posible cliente (sentencia TSJ Aragón 606/2018, ECLI:ES:TSJAR:2018:606).

Creo que no hay ningún TSJ que no se haya pronunciado al respecto de la licitud de los servicios de investigación privada en sede laboral.

Sentencia del Tribunal Supremo en 2023

A finales de 2023, el Tribunal Supremo tuvo ocasión de analizar de nuevo la cuestión en un recurso para la unificación de doctrina, a raíz de una decisión de un TSJ de considerar ilícita la contratación de detectives al no acreditar la empresa la existencia de «fundadas sospechas de irregularidades que justificaran tal contratación».

El TS rechaza el argumento con base en las normas ya indicadas antes: el propio ET y la Ley de Seguridad Privada (que analiza en detalle). Por ello, resuelve que:

«La clave del juicio de licitud no resulta tributaria de la causa remota. Por otra parte, la exigencia de indicios relevantes o sospechas fundadas llegaría a hacer inútil o superflua la adición de otros elementos probatorios» (STS 3677/2023, ECLI:ES:TS:2023:3677).

La doctrina del Tribunal Constitucional (TC)

El TC ha tenido ocasión de pronunciarse dos veces sobre la legalidad del seguimiento de trabajadores por detectives privados, descartando, por providencia, la afectación del derecho a la intimidad.

Así, en la Providencia del 16 de julio de 1990 se afirma que:

«Del alcance del informe de los detectives privados, hay que concluir que, sea cual sea el ámbito objetivo del concepto 'intimidad', la actividad investigadora, como se señala en la sentencia del Tribunal Superior de Justicia, no afectó a la zona de la intimidad constitucionalmente protegida, esto es, a la esfera de la estricta vida personal y familiar del actor en cuanto ámbito o reducto en el que se veda que otros penetren (SSTC 73/1982, de 2 de diciembre; 110/1984, de 26 de diciembre, entre otras), pues aquella se limita a constatar, en determinadas fechas, que el actor acudió y permaneció, en variados lapsos de tiempo, en un hostal propiedad de su esposa y en una peluquería y su presencia y actividad en unas obras realizadas en la fachada de un local.

(continuación...)

Por ello, carece de consistencia la queja del actor, no pudiendo considerarse como vulnerados en el proceso por despido las garantías procesales del art. 24.2 de la C.E. por la admisión como prueba por la Magistratura de Trabajo –hoy Juzgado de lo Social– del informe de los detectives privados».

En el mismo sentido, véase la Providencia de 3 de mayo de 1990.

3.4. PROTECCIÓN DE DATOS

Agotadas las posibilidades de impugnación de la labor de los detectives privados en sede jurisdiccional y constitucional, en base al derecho a la intimidad y la propia imagen, se ha intentado atacar al informe de detectives tomando por base la normativa sobre protección de datos. Y, concretamente, por la **ausencia de consentimiento** del trabajador respecto de tratamiento de sus datos por parte del detective (una investigación es un tratamiento de datos de carácter personal) y la posterior cesión de estos a la empresa.

La Agencia de Protección de Datos, desde la primera ocasión en que tuvo que pronunciarse al respecto, ha entendido que el artículo 19 de la antigua Ley de Seguridad Privada de 1992 y la obligación de secreto del artículo 104 del Reglamento[33] (actualmente, arts. 49 y 50 de la Ley 5/2014),

33. Real Decreto 2364/1994, de 9 de diciembre, por el que se aprueba el Reglamento de Seguridad Privada.

suponen una **legitimación** para el tratamiento de datos del trabajador y una excepción legal al deber de obtener el consentimiento informado de este.

Esta misma argumentación ha llevado a la Agencia a entender que **no procede el otorgamiento** de los derechos de acceso, rectificación, oposición o cancelación respecto de los datos obtenidos y aportados por los detectives privados.

Entre otras, la resolución del expediente E/00681/2007, en un supuesto de investigación de IT por parte de un detective privado, señala que:

«De la citada norma [art. 19 Ley de Seguridad Privada], se desprende que los detectives privados se encuentran habilitados por ley para obtener información de personas y, por consiguiente, para tratar los datos sin necesidad de recabar el consentimiento del afectado, siempre que no se utilicen para ello 'medios materiales o técnicos que atenten contra el derecho al honor, la intimidad personal o familiar' (artículo 23.c) de la misma ley)».

Recientemente y ya vigente el Reglamento UE 2016/679 (Reglamento General de Protección de Datos), el TSJ de Cataluña (sentencia de 27 de abril de 2021, ECLI:ES:TSJCAT:2021:5815) entendió que el tratamiento de datos en este tipo de investigaciones está amparado por el art. 6.1 del RGPD, en sus apartados 2 (el tratamiento es necesario para la ejecución de un contrato entre las partes) y f) (el tratamiento responde a finalidades legítimas del responsable o de un tercero).

A los anteriores argumentos quedaría por añadir el supuesto de la letra e) (el tratamiento es necesario para el cumplimiento de una misión realizada en interés público o en el ejercicio de poderes públicos conferidos al responsable del tratamiento), en la medida en que la Ley 5/2014 señala que las funciones de seguridad privada (incluyendo la investigación privada) son parte de la **seguridad pública** que el Estado delega en operadores privados. En el mismo sentido, aunque referida a los sistemas de videovigilancia oculta en el ámbito laboral, véase la STC, 39/2016, de 3 de marzo de 2016.

3.5. ¿QUÉ PUEDE APORTAR LA INVESTIGACIÓN PRIVADA EN LA LUCHA CONTRA EL ABSENTISMO FRAUDULENTO?

Básicamente, dos cosas:

- **Información**, para identificar los casos de fraude.
- **Pruebas**, para acreditar los hechos en una eventual demanda por despido.

3.5.1. Información

NOTAS

Salvo supuestos especiales, la mayoría de las investigaciones en materia de IT parten del **seguimiento del trabajador**. El objetivo de dicho seguimiento es aportar información sobre sus actividades, con el fin de identificar la concurrencia de fraude. Este puede venir por dos vías:

- La realización de actividades de naturaleza **laboral** durante la situación de IT.
- La realización de actividades **contraindicadas** con el tratamiento o, en su caso, la aptitud para el trabajo.

Vamos a analizarlas con detalle.

3.5.1.1. Trabajar durante la situación de IT

Respecto a la primera, la jurisprudencia ha señalado que trabajar durante la baja es un hecho **sancionable con el despido** y que no se requiere prueba ni constancia de la retribución del trabajo realizado.

Tan sancionable es la realización de actividades lucrativas como aquellas realizadas sin contraprestación. Lo único que se exige es una actividad de **naturaleza laboral**. Se ha considerado incluso como causa justa de despido el hecho de recolectar frutas de huertos particulares propios,

aunque lo recogido sea para autoconsumo, o la realización de obras en la propia vivienda durante la IT.

En la práctica, la mayoría de las ocasiones estas actividades son **semejantes** (cuando no idénticas) a las desarrolladas por el trabajador en la empresa defraudada, lo que supone, además, una clara concurrencia desleal. Ejemplos habituales se dan en los trabajadores de hostelería que toman la IT para realizar funciones de camareros en otros establecimientos, mecánicos que trabajan para otros talleres o albañiles que realizan trabajos por su cuenta. Estas situaciones no son exclusivas de los trabajadores de producción. Investigaciones realizadas han probado que personal del área de administración colabora con gestorías en épocas puntuales (por ejemplo, en la campaña de declaración del IRPF o del IVA). En estos supuestos, la **estacionalidad** es un factor determinante de la oportunidad de fraude.

Entre otras muchas y como ejemplo de conductas sancionables, la sentencia del STS de 12 de julio de 1990 afirmó:

«(...) Segundo: La realización de actividades laborales por cuenta propia o ajena durante la situación de ILT constituye una clara transgresión de la buena fe contractual según viene reiterando la Sala, pues el incapacitado temporalmente debe seguir rigurosamente las prescripciones médicas en orden a la recuperación de la salud, en este caso terminantes en el sentido de abstención de toda actividad laboral, de tal modo que en el supuesto, que no es el de autos, de resultar compatible la enfermedad con la realización de algún trabajo, este debe realizarse en la propia empresa o con su autorización, pues sobre la misma pesa la carga de cotización por el enfermo y por el sustituto a quien ha de retribuir.

NOTAS

(continuación...)

La sentencia de instancia, al entenderlo así, no incurre en la infracción del art. 54.2 d) ET ni de la doctrina de la Sala sobre el mismo, así como tampoco del ap. 1 de dicho precepto, que se invocan en los motivos cuarto y quinto deducidos con amparo en el art. 167.1 LPL, pues la conducta del recurrente, aprovechando la situación de baja para atender un negocio en el que está interesado entraña un incumplimiento grave y culpable de las obligaciones contractuales en dicha situación de baja, lo que determina, de conformidad con el dictamen del MF, la desestimación del recurso, haciendo innecesario, el examen del tercer motivo (...)».

La principal exigencia en estos casos es que la actividad sea «**relevante**», excluyendo de sanción aquellas tareas que no supongan esfuerzo y que se limiten a períodos de tiempo puntuales y cortos durante el día.

3.5.1.2. Actividades contraindicadas o aptitud para el trabajo

No en todas las investigaciones por IT se descubre al trabajador realizando actividades laborales. Como se dijo atrás, la obtención fraudulenta de una situación de IT puede también perseguir únicamente la mera inactividad o el ocio. En estos casos, el control de las actividades del trabajador permite descubrir comportamientos que:

- o bien están **contraindicados** con el tratamiento,
- o bien evidencian **aptitud** para el trabajo.

Sirvan como ejemplo el de un trabajador aquejado de lumbalgia que participa en una carrera en bicicleta, o en partidos de fútbol, o que sencillamente aprovecha la IT para realizar la mudanza a un nuevo domicilio. Todos estos ejemplos son casos reales que fueron descubiertos.

Durante un tiempo, los partes de IT consignaban el diagnóstico. Esto permitía evaluar lo que se había observado en los seguimientos con el tratamiento habitual de la dolencia. Pero desde hace ya bastantes años, la causa de la baja se limita a señalar si se trata de una enfermedad común o si se trata de un accidente de trabajo, sin indicación de diagnóstico.

Esta limitación, no obstante, puede ser superada mediante la **colaboración** de la mutua de accidentes o del servicio médico de la empresa. A la vista del informe del detective, el médico sí puede pronunciarse, **sin desvelar nada protegido** por la confidencialidad debida, sobre si lo que se observa evidencia, o no, fraude al obtener la IT.

NOTAS

Una empresa industrial con un alto índice de absentismo puso en marcha esta práctica, con resultados altamente satisfactorios. Las filmaciones de movimientos obtenidos por el detective privado eran remitidas al servicio médico interno, quien informaba sobre sus conclusiones, señalando aquellos que consideraba incompatibles con la dolencia o contrarios al tratamiento prescrito. En base a tal informe y a los hechos que este señalaba como incompatibles, la empresa confeccionaba la carta de despido.

De igual manera, el médico de la mutua o el del servicio interno puede, a la vista del informe del detective, concluir que el trabajador se encuentra **apto** para reincorporarse a su puesto de trabajo.

Además, que el trabajador tenga derecho a que no se conozca su dolencia **no impide** a la empresa conocer y considerar aquello que el propio trabajador haya podido manifestar al respecto. La normativa en materia de datos de carácter personal excluye de protección aquellos datos que el interesado haya hecho públicos (art. 9.2.e RGPD). Por ello, las manifestaciones del trabajador relativas al motivo de la baja sí pueden ser trasladadas al detective y utilizadas por expertos para evaluar la adecuación de la actividad del trabajador al tratamiento debido.

Entre otras y a este respecto, es destacable la STSJ de Cataluña 9302/2020, ECLI:ES:TSJCAT:2020:9302:

«La **eventual comunicación** de la patología al detective, por ser un dato que puede ser relevante para su actividad de investigación, no supone ninguna intromisión ilegítima en la intimidad del trabajador, pues queda constreñida a los estrictos límites de una investigación que es confidencial y no va más allá de la relación entre el empresario y el investigador privado (...)».[34]

Por último, son ya habituales las sentencias que, sin entrar a valorar la incompatibilidad de lo observado con el tratamiento de la dolencia, entienden que se puede concluir la aptitud para el trabajo del informe de investigación privada, considerando que mantener la situación de IT en tales supuestos constituye una justa causa de despido.

Un caso de este tipo fue analizado por la STSJ de Canarias, sala de lo social, de 23 de febrero de 2006:

34. En otro supuesto se declaró que la comunicación de un informe médico completo por parte de una mutua al detective privado era ilícito por innecesario: «Hubiese sido suficiente con recabar una investigación sobre las actividades diarias y la funcionalidad del hombro o brazo derecho, sin necesidad de aportar el concreto diagnóstico y los demás datos médicos remitidos relativos a las limitaciones funcionales de la articulación». STSJ de Cantabria 756/2022, ECLI:ES:TSJCANT:2022:756.

NOTAS

«(...) Los hechos verdaderamente relevantes para la sentencia de instancia y para esta Sala, se concretan en el informe del detective privado y las imágenes que trasladó a la vista del juicio, de los que se deduce con meridiana claridad que el actor desarrollaba una vida normal compatible con el trabajo, y destinado en esos momentos el actor de baja médica, dicha prueba apunta a dos conclusiones opuestas pero conducentes ambas a una violación de la buena fe contractual, al fraude y al abuso de confianza. Efectivamente de dicho informe se deduce o que el actor ha estado simulando unas dolencias, que no tenía, durante casi año y medio, o la actividad que desarrollaba era incompatible con la enfermedad que padecía, y ambas conclusiones constituyen una clara **violación** del deber de buena fe que se predica en el contrato de trabajo, y ambas conductas son encuadrables en los artículos 270.9 y 273.4 del Convenio Colectivo de Iberia y en el artículo 54.2.d) del Estatuto de los Trabajadores».

Más reciente, el TSJ de Murcia, en sentencia de 13 de diciembre de 2022 (ECLI:ES:TSJMU:2022:2363) manifestaba:

«Siendo así, y si esas consecuencias o efectos (...) estaban presentes en la recurrente, a la Sala le parece evidente que lo que aconsejaba una mejor y más rápida recuperación era el descanso.

(continuación...)

En consecuencia, cuando la trabajadora camina durante varias horas, incluso por zonas escarpadas, permanece fuera de su domicilio prácticamente todo el día, conduce su vehículo en torno a 100 kilómetros, navega en un barco en el que participa en las labores de atraque, va la gimnasio y en definitiva, hace una vida plenamente activa, es obvio que tenía capacidad más que suficiente para trabajar y que la citada (...) no le impedía en modo alguno prestar servicio en la empresa.»

En Aragón, en 2022, el TSJ confirmó la procedencia del despido de un trabajador de baja por una intervención en la rodilla que fue descubierto participando en un torneo de pádel (ECLI:ES:TSJAR:2022:1585):

«A lo expuesto debe añadirse que en el presente caso las actividades desarrolladas ponen de manifiesto que o bien que no había perdido la capacidad laboral, o bien que si la había perdido la ha recuperado, o bien que su realización ha contribuido a retrasar su curación».

Quizás menos técnico que en las sentencias citadas es otro caso investigado por detectives en el que se declaró la procedencia del despido de un trabajador que, con baja por vértigo, fue visto con medio cuerpo fuera de las ventanas de una vivienda para pintar el dintel, jambas y repisa de estas, en un décimo piso de altura.

Otro caso investigado y cuyo despido fue declarado procedente fue el de un conductor de tren que, de baja por hidrocele (inflamación del testículo), fue observado conduciendo diariamente durante más de dos horas seguidas.

3.5.2. Pruebas

Saber es importante, pero de nada sirve si no se puede probar lo que se sabe.

La práctica totalidad de los despidos por fraude en IT dan lugar a una **demanda interpuesta por el trabajador** en el Juzgado de lo Social. Frente a dicha demanda, la empresa deberá acreditar en el juicio la veracidad de los hechos imputados en la carta de despido. A la obtención de pruebas se dirige, también, la labor del detective privado.

Estas pruebas vienen constituidas por:

- El propio **informe y sus anexos** (imágenes, documentos, sonidos, etc.).
- La **ratificación** del mismo por parte del detective.
- La **declaración derivada** del mismo.
- Pruebas habituales adjuntas al informe. Suelen ser **fotografías, vídeos, documentos y conversaciones** mantenidas con terceros y registradas en formatos de audio o audiovisuales, etc.

Las sentencias citadas hasta ahora son ejemplos del valor probatorio del informe del detective en juicio. Además, desde el año 2000, dicho informe se encuentra expresamente contemplado en la Ley de Enjuiciamiento Civil, en sus artículos 265.1.5 (aportación del informe) y 380 (ratificación y testimonio).

En todo caso, para la efectiva validez del informe como prueba se requiere la **presencia** del detective en la vista oral, al objeto de acreditar su condición de detective (mediante la exhibición de su tarjeta de identidad profesional oficial), ratificar el informe y responder a las preguntas que le formulen el magistrado y los abogados o graduados sociales que asisten a las partes.

En resumen, la investigación privada no solo le aportará la información necesaria para detectar el fraude, sino que además le permitirá acreditarlo en juicio.

3.6. CUÁNDO CONTRATAR UN SERVICIO DE INVESTIGACIÓN PRIVADA

NOTAS

No toda IT es fraudulenta. De hecho, en la inmensa mayoría de los casos de IT existe una causa que la justifica y los trabajadores atienden escrupulosamente las instrucciones de su médico. Lamentablemente, hay excepciones y a la mayoría de los responsables en las empresas no les costaría trabajo ponerles nombre y apellidos.

No obstante, el primer paso para un sistema de lucha contra el fraude es el **establecimiento de controles** para poder detectarlo.

Se pueden citar una serie de **criterios** para detectar casos susceptibles de fraude, como son:

- La duración de la IT.
- La reiteración de las bajas, por la misma o distintas causas.
- Las circunstancias del trabajador.
- La estacionalidad.
- O la negativa a ser atendido por el médico de empresa.

La información del servicio médico de empresa es, o puede ser, también una gran aportación para detectar casos sospechosos de fraude, e incluso la información facilitada por **otros trabajadores**. Esta posibilidad es cada vez más frecuente con **las redes sociales**: lamentablemente, en muchos casos, se unen el fraude con la ostentación de este, lo que comporta un daño añadido a la empresa y la obliga-

ción de actuar. Son casos en los que los trabajadores de baja publican fotografías de viajes o de actividades deportivas durante la misma. Todos estos antecedentes superarán el filtro de razonabilidad en la contratación de un servicio de investigación privada.

Junto a los casos individuales, hay situaciones donde la sospecha no es respecto de un trabajador en concreto sino sobre el **índice de absentismo en la empresa**, cuando este excede de lo razonable o de la media que tenga un determinado sector. Combatir el fraude, entonces, exige actuaciones globales. Valore la posibilidad de considerar a todos los trabajadores en situación de IT como sujetos de investigación, salvo a aquellos en los que concurran circunstancias que objetivamente excluyan el fraude. En estos casos, la investigación privada puede:

- Diseñar y ejecutar una serie de investigaciones previas o preliminares, descartando aquellos casos en que no existen indicios de fraude.
- Centrar las investigaciones en aquellos casos en que existe una mayor probabilidad de fraude.
- Optimizar el coste de las investigaciones.

Por último, la investigación privada también puede prestar un servicio de la **prevención del fraude** o de detección temprana del mismo, por medio de la investigación preliminar de todos los casos de IT que se produzcan en la empresa. En estos supuestos no se busca la prueba del fraude (eso será objeto de una segunda fase, en su caso), sino la detección de este.

3.7. EL RESULTADO DE LA LUCHA CONTRA EL ABSENTISMO FRAUDULENTO

NOTAS

En el año 2009, un informe del Centro de Economía Industrial publicado a instancias del Centro de Estudios y Asesoramiento Metalúrgico (CEAM), cifraba el absentismo fraudulento entre el 31 % y el 50 %. El mismo estudio señalaba, en segundo lugar de eficacia contra ese absentismo fraudulento (y tras la mayor celeridad y eficacia de las pruebas médicas por parte de las mutuas) los **«despidos ejemplares»** (sic).

El estudio se realizó sobre la base de la experiencia de 63 empresas en la lucha contra el absentismo, que lograron una reducción de este de entre el 31 % y el 50 %.

Todo despido disciplinario tiene un efecto individual inmediato: la cesación de la situación de fraude. Además, permite a la empresa la contratación de un nuevo trabajador, que se integre en el proceso productivo de forma eficaz. Pero, además del efecto individual, tiene un efecto general sobre otras situaciones, sea de forma preventiva o correctora.

Ya se ha señalado en apartados anteriores el efecto expansivo del fraude. Es importante señalar que la inexistencia de respuesta al mismo por parte de la empresa produce un doble efecto:

- La **sensación de impunidad** en el defraudador, que conducirá a un incremento de los casos de fraude que protagoniza.
- El **desencanto de parte de la plantilla**.

La experiencia demuestra que el fraude es detectado por el resto de los trabajadores, que observan como la empresa no reacciona contra el mismo. El efecto desmotivador es evidente y la experiencia demuestra que el efecto multiplicador también lo es.

Un cliente me explicó la que considero una excelente política de gestión de los recursos humanos: la empresa confía en sus trabajadores igual que estos confían en la empresa. Inmediatamente añadió: «Pero, el que la hace, la paga».

Las empresas que han iniciado **políticas de lucha** contra el fraude en IT han comprobado cómo bajaba inmediatamente el índice de absentismo.

Una empresa industrial con casi 600 trabajadores implantó un servicio médico como primera medida contra el absentismo fraudulento. Inicialmente, la medida comportó una disminución significativa del absentismo. No obstante, a los 6 meses, las cifras volvieron a dispararse y recurrió a un despacho de detectives privados cuando sufría una tasa de absentismo del 16 %.

Se seleccionaron 10 trabajadores de entre aquellos que estaban de baja, buscando criterios objetivos de sospecha de fraude (número de bajas, duración, coincidencias temporales, etc.). De las 10 investigaciones, 5 aportaron pruebas de fraude y se procedió al despido de los trabajadores. Al mes siguiente, el absentismo había bajado al 5 %. Seguía siendo elevado para la media del sector, pero el resultado fue extraordinario y a muy corto plazo.

NOTAS

Cualquier medida de reacción por parte de la empresa se conocerá rápidamente por los trabajadores. Como ocurre con cualquier forma de fraude, la existencia de controles (la ausencia de sensación de impunidad) tiene un efecto de contención del mismo. Además, la experiencia demuestra que este tipo de actuaciones, cuando están justificadas y evidenciadas, no generan tensión en las relaciones laborales.

¿Cuál es la situación actual? No me constan nuevos informes como el del CEI del año 2009. Pero, con carácter general, en el año 2023 Adecco publicó un estudio que señalaba que la tasa de absentismo del 6,8 % en el 2022 fue la más alta de la serie histórica, tras el 7,1 % del año 2020 (año de la COVID-19). Y, a mayor incidencia global, mayor número de casos de fraude.

3.8. EL ABSENTISMO OCULTO

Para finalizar, quiero hacer una breve mención a lo que hemos venido a denominar absentismo oculto.

Tradicionalmente, el absentismo (fraudulento o no) se ha estado midiendo como:

> La relación entre los trabajadores de baja en un momento dado respecto del total de trabajadores de la empresa.

Pero no siempre es así. Vendedores, repartidores, operarios de mantenimiento en instalaciones de terceros o los casos de teletrabajo son ejemplos válidos. Cuando un vendedor no desempeña las funciones que tiene asignadas, la empresa no tiene conocimiento de ello en la mayoría de los casos y no se contabiliza como absentismo. Pero lo es.

Un caso sería el visto en el año 2008 por el TSJ de Madrid, Sala de lo Social, en su sentencia de 21 de abril de 2008:

> «Pues bien, no hay duda de que estaba plenamente justificado el que la empresa acudiera a una firma de detectives privados como forma idónea de controlar la actividad laboral del actor, siendo su informe la única manera de poder averiguar y demostrar, si fuere menester, las causas reales que estaban ocasionando el escaso rendimiento que última, pero continuadamente, venía obteniendo en sus tareas profesionales como Visitador Médico, (...)».

O lo dicho por el TS en sentencia de 19 de julio de 1989:

«Si cuando, como en el caso de autos ocurre, la actividad laboral se desarrolla, necesariamente, fuera del centro de trabajo y, en consecuencia, no existe otro medio de control admisible que el seguimiento externo del trabajador, ante la sospecha de un incumplimiento, por su parte, del cometido laboral que tiene asignado, obvio resulta, que tal medida controladora o de vigilancia no puede tildarse de atentatoria a la propia dignidad personal del trabajador y, mucho menos, a su intimidad personal, por cuanto sostener lo contrario supondría vaciar de contenido el derecho de dirección que incumbe a la empresa».

Los casos de fraude más habituales son:

- Incumplimientos horarios.
- Inactividad durante los lunes o viernes.
- La dedicación de la jornada, o parte de esta, a tareas personales, domésticas o de ocio.
- En casos más graves: el falseamiento de informes de actividad o el trabajo para terceras empresas, competidoras o no.

Veamos algunos ejemplos:

- Trabajador que permanece en su domicilio durante la jornada (STSJ de Andalucía, sede Sevilla, de 24 de marzo de 2009).
- Vendedor que no realiza visitas y falseaba los informes (STSJ de Galicia de 4 de junio de 2001).
- Incumplimiento de la jornada y falsedad de los informes de visitas (STSJ de la Comunidad Valenciana de 27 de abril de 2004).

La irrupción del teletrabajo ha supuesto una nueva vuelta de tuerca a esta forma de fraude. Sin ánimo de extendernos, vayan dos ejemplos reales:

- Trabajadora que, en horas de trabajo, estaba en la playa, en un chiringuito, como indica el Tribunal Superior de Justicia de Cataluña, en la sentencia 9393/2022 (ECLI:ES:TSJCAT:2022:9393).
- Trabajador que acude a trabajar diariamente a una empresa competidora, recogido en por el TSJ de Cataluña, en la sentencia 3498/2021 (ECLI:ES:TSJCAT:2021:6427).

CAPÍTULO 4
PROBLEMÁTICA ESPECÍFICA DE LAS BAJAS POR CAUSAS PSICOLÓGICAS

Por Ana Isabel Gutiérrez Salegui
Psicóloga clínica y forense

4.1. RIESGOS PSICOSOCIALES: UNA PERSPECTIVA PSICOLÓGICO-FORENSE

Comencemos partiendo de una premisa básica: el trabajo afecta a nuestra salud mental y nuestra salud mental afecta a nuestro trabajo.

Desde el momento en que llegamos a la edad adulta, gran parte de nuestra vida transcurre en nuestro lugar de desempeño laboral, convirtiéndose este en uno de los ejes vertebradores de la misma vida. Regula nuestros periodos de vacaciones y nuestros tiempos de ocio. En la mayoría de los casos, también determina nuestra capacidad adquisitiva y, con ello, nuestros proyectos extralaborales e incluso nuestros sueños, condicionando qué nos podemos permitir de entre aquellas cosas que deseamos, máxime en una sociedad donde prima más el tener que el ser. El trabajo también influye enormemente en nuestra imagen social y, a un nivel más intangible, influye en nuestra autoestima, nuestro autoconcepto y nuestra capacidad de logro.

En términos cronológicos, para aquellos que tienen una jornada de 8 horas, todo esto se traduce en que **un tercio** de sus días, a excepción de los festivos y las vacaciones, los pasan exclusivamente relacionándose con compañeros de trabajo, jefes, subordinados y clientes. Objetivamente, si además añadimos los tiempos de desplazamiento, ese tiempo es más que el que después disponemos para repartir entre familia, amigos, actividades de ocio y otros menesteres obligatorios como la logística doméstica.

NOTAS

Nuestras condiciones,[35] clima laboral, circunstancias y compañeros de trabajo, así como las características del mismo y lo que nos aporte a nivel económico y de satisfacción personal son, indudablemente, uno de los pilares de nuestra calidad de vida y por ende, de nuestra salud mental.

En los últimos años, la salud mental se ha convertido en un foco de atención, tristemente, más por el crecimiento exponencial de los problemas relacionados con la misma que por el desarrollo de planes de prevención, iniciativas de detección precoz u optimización de los dispositivos asistenciales para intervenir sobre los casos diagnosticados.

Tras la pandemia SARS-COVID19, la situación general ha **empeorado** considerablemente. Según datos de la Organización Mundial de la Salud (OMS) aproximadamente una de cada ocho personas en el mundo sufre algún trastorno mental[36]. En un metaanálisis[37] realizado a nivel mundial, se concluyó que, a finales del 2020, la prevalencia del insomnio era del 24 %, la del trastorno por estrés postraumático alcanzó el 22 %, la de la depresión se situó en el 16 % y la de la ansiedad llegó al 15 %.

---

35. Llosa, J. A., Menéndez-Espina, S., Agulló-Tomás, E., y Rodríguez-Suárez, J. (2018). Incertidumbre laboral y salud mental: una revisión meta-analítica de las consecuencias del trabajo precario en trastornos mentales. *Anales de psicología, 34*(2), 211-223.
36. Informe mundial sobre salud mental: transformar la salud mental para todos. Panorama general [World mental health report: transforming mental health for all. Executive summary]. Ginebra: Organización Mundial de la Salud; 2022.
37. Cénat, J. M., Blais-Rochette, C., Kokou-Kpolou, C. K., Noorishad, P. G., Mukunzi, J. N., McIntee, S. E., Dalexis, R. D., Goulet, M. A. y Labelle, P. R. (2021). Prevalence of symptoms of depression, anxiety, insomnia, posttraumatic stress disorder, and psychological distress among populations affected by the COVID-19 pandemic: A systematic review and meta-analysis. *Psychiatry research, 295*, 113599.

(continuación...)

El trastorno por estrés postraumático, la ansiedad y la depresión fueron, respectivamente, cinco, cuatro y tres veces más frecuentes en comparación con los datos habituales reportados por la OMS.

NOTAS

Otras fuentes estiman que una de cada cuatro bajas se debe a estrés o riesgos psicosociales. Según la Asociación de Mutuas de Accidentes de Trabajo (AMAT)[38] un 25 % de las bajas laborales en España están provocadas por esta causa. Por prevalencia, en nuestro país los trastornos mentales se sitúan en el segundo puesto de las causas de incapacidad temporal (IT), según un estudio de la Agencia Europea para la Seguridad y la Salud en el Trabajo (*European Agency for Safety and Health at Work, EU-OSHA*):[39]

«El problema de salud mental más frecuentemente registrado en las historias clínicas de atención primaria es el trastorno de ansiedad, que afecta al 6,7% de población con tarjeta sanitaria. Es un problema con frecuencia relativamente estable entre los 35 y 84 años. El trastorno depresivo aparece en el 4,1% de la población y se va incrementando con la edad.

38. https://www.amat.es.
39. https://osha.europa.eu/es.

(continuación...)

El síntoma más frecuente es el trastorno del sueño, que afecta al 5,4 % de la población (5,8 % en mujeres, 5,1 % en hombres), y aumenta con la edad».[40]

Es cierto que los trastornos y los síntomas ansioso-depresivos constituyen una de las consultas más habituales en atención primaria y en los gabinetes de psicología y unidades de psiquiatría. Estos casos componen cuadros en distinto grado de gravedad que, abordados de forma incorrecta, con tratamientos exclusivamente farmacológicos, tenderán a la cronificación o a las recidivas (reaparecer de forma recurrente).

Pero es posible que, además, estas cifras estén infraestimadas, dado que los datos responden a aquellos casos en los que ya se ha diagnosticado una patología psicológica, generalmente trastornos adaptativos, ansiedad, depresión, etc., sin tener en cuenta que el diagnóstico del estrés no es clínico y que muchas personas que sufren estrés sin tener la causa identificada, o que creen que son capaces de resolver el problema sin ayuda, pueden desarrollar múltiples síntomas psicosomáticos secundarios al impacto del cortisol generado por el estrés y sus repercusiones. Estos síntomas no solo influirán en el rendimiento, sino también en la necesidad de conceder bajas médicas de corta duración por cefaleas, migrañas, infecciones, trastornos gastrointestinales etc.

---

40. Base de Datos Clínicos de Atención Primaria-BDCAP Sistema Nacional de Salud. Salud mental en datos: prevalencia de los problemas de salud y consumo de psicofármacos y fármacos relacionados a partir de registros clínicos de atención primaria. BDCAP-Series 2 Datos 2017 Fecha del informe: diciembre 2020. Disponible en: https://www.sanidad.gob.es/estadEstudios/estadisticas/estadisticas/estMinisterio/SIAP/Salud_mental_datos.pdf

NOTAS

El estrés continuado puede acabar abocando a sufrir:

- Problemas cardiovasculares, como hipertensión o arritmias.
- Problemas musculoesqueléticos como contracturas, dolores de espalda, problemas cervicales, vértigos, temblores, bruxismo.
- Problemas de sueño *pre* y *postdormicional*.
- Sueño interrumpido.
- Pesadillas.
- Síndrome metabólico o diabetes.[41]

Según el estudio epidemiológico DeDo (Depresión y Dolor), realizado en el año 2008 y presentado en la Conferencia WONCA-WPA,[42] el 80,4 % de los pacientes que acuden a las consultas de Atención Primaria, refiriendo dolor inespecífico, padece algún tipo de trastorno depresivo no diagnosticado (y, por lo tanto, estaría sin un tratamiento específico para ello).[43]

También es cierto que no siempre el origen del cuadro está en el entorno laboral, y la diferencia entre tener un trabajador enfermo en el trabajo y tener un trabajador enfermo por el trabajo es fundamental, en lo que respecta a la actuación y las responsabilidades de la empresa. Siendo más fácil la intervención en el primer supuesto que cuando el problema es secundario a riesgos psicosociales laborales.

41. Leka, S., Jain, A., y World Health Organization. (2010). *Health impact of psychosocial hazards at work: an overview*. Disponible en: https://iris.who.int/bitstreamhandle/10665/44428/?sequence=1
42. https://www.globalfamilydoctor.com/ La noticia está en: https://www.jano.esnoticia-depresion-pacientes-que-consultan-por-3151
43. INFOCOP (2008). Dolor físico asociado a trastornos como la ansiedad y la depresión - infradiagnóstico e infratratamiento en atención primaria. La noticia puede verse en: https://www.infocop.es/dolor-fisico-asociado-a-trastornos-como-la-ansiedad-y-la-depresion-infradiagnostico-e-infratratamiento-en-atencion-primaria/

Atendiendo a la definición que recoge el Instituto Nacional de Seguridad y Salud en el Trabajo (INSST), los **factores de riesgo psicosociales** son «aquellas condiciones presentes en una situación laboral directamente relacionadas con la organización del trabajo y su entorno social, con el contenido de trabajo y la realización de la tarea y que se presentan con capacidad para afectar el desarrollo del trabajo y la salud (física, psíquica o social) del trabajador».

Dentro de los riesgos psicosociales se engloban diferentes **casuísticas** con distintos tipos de intervención e incluso, en muchos supuestos, con síntomas diferenciadores entre ellas. No nos afecta igual el estrés secundario a factores relacionados con cuestiones organizativas o del contenido del trabajo que las situaciones de conflicto, el síndrome de *burnout* o sufrir acoso laboral. Y, por último, tenemos que tener en cuenta que los fraudes, la simulación, sobresimulación y el falso *mobbing* también existen. Este capítulo intenta aclarar conceptos y servir de orientación sobre las IT por causas psicológicas y posibles actuaciones, sobre todo cuando estas patologías están originadas en el entorno laboral.

4.2. DIAGNÓSTICOS, SÍNTOMAS Y SITUACION ACTUAL

Según un estudio de Fremap, las bajas laborales relacionadas con la salud mental aumentaron en un 17,36 % en el período entre 2015 y 2021, siendo la franja de edad de los menores de 35 años la que experimentó mayor crecimiento (30,9 %). El promedio de duración de las mismas se situaba en 97,6 días, incrementándose en un 45 % el tiempo de duración sobre los datos de 2015.

NOTAS

En los trastornos mentales habría que diferenciar dos grupos, tal y como lo hace la *Guía de valoración de incapacidad laboral para médicos de atención primaria*:[44]

- El primer grupo, en el que estarían las **enfermedades neurodegenerativas** y los categorizados como **trastorno mental grave** (TMG), engloba a cuadros graves como esquizofrenias de curso crónico y progresivo, trastornos bipolares, depresiones mayores con síntomas psicóticos, etc. Deberían ser derivados y valorados por especialistas, de cara a determinar su grado de discapacidad o si son candidatos a una una incapacidad permanente.
- El segundo grupo, tema central de este capítulo, en el que se englobarían los **síndromes depresivos**, distimias, trastornos de ansiedad, fobias, trastornos de la personalidad, trastornos adaptativos, etc.

4.2.1. La depresión

De entre los trastornos mentales relacionados con bajas de larga duración, posiblemente la depresión es la enfermedad que más preocupa tanto a las empresas como a los sistemas asistenciales. Pero, en una sociedad donde los términos

44. Álvarez-Blázquez Fernández, *et al.* (2010). *Guía de valoración de incapacidad laboral para médicos de atención primaria*. Disponible en: https://repisalud.isciii.es/bitstream/handle/20.500.12105/5286/GuíadeValoraciónIncapacidad_2010.pdf?sequence=1&isAllowed=y

médicos se banalizan y usan indiscriminadamente, primero debemos saber qué se considera, desde el punto de vista profesional, la depresión.

La OMS[45] cifra la prevalencia de la depresión en un 3,8 % de la población, incluido el 5 % de los adultos (4 % entre los hombres y el 6 % entre las mujeres) y el 5,7 % de los adultos mayores de 60 años. A escala mundial, aproximadamente 280 000 000 de personas sufren esta patología, siendo el suicidio la cuarta causa de muerte en el grupo etario de 15 a 29 años.

Los cinco grandes **síntomas** de la depresión que podríamos resumir serían los siguientes:

- **Humor depresivo**
  Sentimiento de tristeza constante, no interrumpido durante las actividades de ocio.
- **Falta de interés** e incapacidad para disfrutar.
  Se incluyen aquí todas aquellas actividades que previamente disfrutaba, tendencia al aislamiento y alejamiento de familia y amigos.
- **Sentimientos de inutilidad**, de incapacidad y autoestima baja.
- **Falta** de concentración, atención y memoria.
- **Ideas negativas**, catastrofistas o pensamientos sobre la muerte.[46]

45. Organización Mundial de la Salud (2023). Depresión. La noticia puede verse en: https://www.who.int/es/news-room/fact-sheets/detail/depression
46. Andrews, G., Slade, T., Sunderland, M., y Anderson, T. (2007). Issues for DSM-V: simplifying DSM-IV to enhance utility: the case of major depressive disorder. *American Journal of Psychiatry, 164* (12), 1784-1785. Disponible en: https://ajp.psychiatryonline.org/doi/pdf/10.1176/appi.ajp.2007.07060928

NOTAS

Para que un síntoma sea considerado como tal debe afectar a todas las áreas de la vida del sujeto, laboral, familiar, social y personal; aunque presente distintas intensidades en cada uno de ellos y mantenerse al menos durante dos semanas.

4.2.2. La ansiedad

Se calcula que un 4% de la población mundial padece actualmente un trastorno de ansiedad. En 2019, 301 000 000 de personas en el mundo tenían un trastorno de ansiedad diagnosticado, siendo esta categoría la más común de todos los trastornos mentales.[47]

- Se considera **ansiedad normal** cuando es reactiva y proporcional al estímulo que la ha desencadenado, situaciones de crisis, presenciar un accidente, etc.
- Se considera **ansiedad patológica** cuando este estado de nerviosismo con síntomas fisiológicos aparece de forma continua, sin la presencia de estímulos que lo justifiquen, o con una intensidad que no se corresponda con la capacidad ansiógena de la vivencia o el estímulo.

47. Prevalencia de la ansiedad en 2019 GBD Results Tool. En: Global Health Data Exchange [sitio web]. Seattle: Institute for Health Metrics and Evaluation. Recuperado de: https://vizhub.healthdata.org/gbd-results?params=gbd-api-2019-permalink/716f37e05d94046d6a06c1194a8eb0c9; consultado el 5 de septiembre de 2023.

(continuación...)

- Cuando es persistente a lo largo del día, aunque pueda tener oscilaciones en intensidad, y su duración es superior a 6 meses, se denomina **trastorno de ansiedad generalizada**.
- Cuando aparece en forma de crisis agudas, el diagnostico suele ser **trastorno de pánico**.

Normalmente, la persona que sufre ansiedad tiene pensamientos recurrentes sobre miedos, preocupaciones excesivas y anticipa hechos negativos, sin que estén presentes circunstancias objetivas que lo justifiquen. Esto va acompañado de la sensación de que no puede dejar de pensar en sus preocupaciones y problemas.

La ansiedad y la preocupación se asocian a **tres o más de los siguientes síntomas**:

- Nerviosismo, inquietud.
- Fatiga constante no explicable por causa orgánica.
- Dificultad para concentrarse y apartar pensamientos negativos.
- Irritabilidad.
- Alteraciones del sueño: dificultad para conciliarlo (insomnio *predormicional*), despertares tempranos (insomnio *postdormicional*), despertares durante la noche (sueño interrumpido), pesadillas o sensación de no haber descansado (sueño ineficaz).

(continuación...)

- Síntomas físicos:
  - Sistema **cardiovascular**: palpitaciones, taquicardia, hipertensión arterial, cefaleas tensionales (dolores de cabeza), infarto de miocardio, accidente cerebrovascular.
  - Sistema **respiratorio**: sensación de ahogo, respiración rápida y superficial (hiperventilación), sensación de presión en el pecho.
  - Sistema **gastrointestinal**: náuseas, vómitos, diarrea, aerofagia (gases), molestias digestivas, ausencia de apetito, hiperfagia por ansiedad, síndrome de colon irritable, síndrome del intestino irritable, ardores, úlceras estomacales.
  - Sistema **genitourinario**: micciones frecuentes, deseo hipoactivo, eyaculación precoz, frigidez, impotencia.
  - Sistema **osteomuscular**: tensión muscular, contracturas, temblor, hormigueo, fatiga excesiva, vértigos de origen cervical.
  - Síntomas **neurocognitivos**: problemas de atención, concentración y memoria.
- **Otros** síntomas: sequedad de boca, sudoración excesiva, mareos, debut, brotes y agravamiento de patologías autoinmunes.

La ansiedad, la preocupación o los síntomas físicos asociados provocan un malestar significativo o deterioro en las relaciones familiares, sociales, laborales o de otras áreas importantes de la actividad de la persona.

NOTAS

En muchas ocasiones, ambos cuadros psicopatológicos, depresión y ansiedad, aparecen en **comorbilidad**, padeciendo el afectado un trastorno mixto con síntomas de ambos trastornos.

4.2.3. Importancia de la detección precoz

Las dos categorías y los diferentes subtipos que las conforman son entidades clínicas, es decir, que tienen una serie de criterios que deben aparecer para poder realizar el diagnóstico, y ese es precisamente uno de los problemas. Al ser generalmente patologías de comienzo insidioso, los signos y síntomas de alarma podrían detectarse de forma precoz e implantarse medidas terapéuticas, incluso cuando los cuadros sean subclínicos, ya que, de no introducirse cambios (modificación de las circunstancias, pautas y tratamientos), el pronóstico es que continúen avanzando hasta la instauración del cuadro.

Para evitar esta evolución es fundamental que, desde los departamentos de medicina preventiva, salud laboral o Recursos Humanos se manejen los síntomas asociados a cada trastorno con el fin de derivar adecuadamente, diagnosticar precozmente, instaurar un tratamiento eficaz e impedir la evolución del trastorno y la necesidad de recurrir a una incapacidad laboral transitoria. Entre estos **signos de alarma** deben estar no solo los puramente psicológicos, sino también contemplar aquellos casos en los aparezcan síntomas físicos de manera recurrente de posible origen psicosomático o cuya causa sea el estrés.

4.2.4. Ajustes en las condiciones laborales

Es importante incidir en que, en este tipo de casos, como en casi todos los problemas mentales, la solución del mismo y la curación de la persona no dependen solo del tratamiento farmacológico, debiendo en muchos casos realizar ajustes en los hábitos de la persona o en sus condiciones vitales, entre las que se encuentran sus condiciones laborales.

No todas las situaciones requieren de una baja completa, ni siempre es lo más adecuado para la recuperación de la persona. Es posible que durante el tiempo que dura la estabilización de los síntomas y su remisión sea adecuado realizar un cambio de puesto a otro de menor carga psicológica, una reducción de horarios, o una adaptación de esos mismos horarios a las necesidades que el terapeuta determine. Para lo cual sería necesario tener un **canal** fluido de comunicación entre las empresas o sus departamentos de RR.HH. y los profesionales de la salud mental, públicos y privados en el que, sin vulnerar el debido secreto profesional, se pudieran indicar sugerencias de adaptación del puesto y tiempo de mantenimiento de los cambios.

El desarrollo de **políticas flexibles** de conciliación terapéutica podrían optimizar el curso de muchas personas afectadas por estas patologías. El motivo es que actualmente los médicos de atención primaria se ven en la disyuntiva de tener que tramitar una baja de una persona que podría estar perfectamente haciendo otras labores, pero que en ese momento no tiene capacidad para estar de cara al público. Igualmente, en el caso contrario, esos mismos médicos se ven en la tesitura de tener que decidir si mantener una situación de IT de una persona que no está preparada para trabajar durante ocho horas pero quizás sí lo estaría para hacerlo durante cuatro horas, o que requiere salir antes del puesto de trabajo para acudir a distintas actividades rehabilitadoras.

NOTAS

4.2.5. Estrategias de detección de riesgos y promoción de la salud

Otra cuestión relacionada con estos problemas y síntomas es la influencia sobre el rendimiento, la eficacia o la accidentabilidad que, potencialmente, puedan tener. Este aspecto, casi imposible de cuantificar, debería tenerse en cuenta como uno de los factores fundamentales a la hora de plantear estrategias para detectar riesgos y promocionar la salud por parte de las empresas y de las instituciones.

Es verdad que tanto la depresión como los trastornos de ansiedad van en aumento, pero también es verdad que desde la «sociedad de la felicidad» se empiezan a confundir conceptos como la tristeza –que puede ser absolutamente normal– o el nerviosismo –que también puede ser absolutamente normal– con patologías. La tendencia social a no tolerar la frustración y a no desarrollar habilidades de gestión de las emociones provoca que, en muchos casos, cuadros leves sean vividos por algunas personas como un gran problema. Así, en estas actividades de promoción de la salud, las iniciativas dirigidas a desarrollar habilidades para manejar las emociones, el estrés y promocionar ciertos hábitos física y psicológicamente saludables, deberían ser una prioridad.

4.2.6. Sinistrosis, simulación y disimulación

Otra casuística que preocupa a los sanitarios y empresarios son las ***sinistrosis***,[48] antiguamente denominadas «neurosis de renta», que se incluyen en la clasificación

48. Ordóñez Fernández, M. P. (2010). ¿Histeria, Simulación o Neurosis de Renta? *Revista clínica de medicina de familia*, 3(1), pp. 39-45.

NOTAS

internacional de enfermedades de la OMS (CIE 10)[49] dentro de la *Elaboración psicológica de síntomas somáticos (F68.0).*

> En la *sinistrosis*, la persona está convencida de que merece una retribución por sus síntomas, que además atribuye exclusivamente a hechos concretos (accidentes de trabajo, situación de acoso, estrés).

Estas personas magnifican los síntomas que sufren o los atribuyen única y exclusivamente a una causa concreta, acabando en muchos casos por agravar el cuadro al convertirlo en un eje central de su vida. Estas patologías se describen como un trastorno en el que síntomas somáticos compatibles con un trastorno, enfermedad o incapacidad física (confirmados y originalmente debidos a los hechos referidos) son exagerados o prolongados debido a los rasgos de personalidad del sujeto.

49. World Health Organization. (1993). CIE 10 trastornos mentales y del comportamiento: criterios diagnósticos de investigación. En *CIE 10 trastornos mentales y del comportamiento: criterios diagnósticos de investigación.*

No hay que confundir la *sinistrosis* con la simulación. Los **simuladores** son personas que, sin padecer problema alguno, representan sus síntomas con el fin de engañar y conseguir algún tipo de beneficio secundario, bien sea el disfrute de una IT o indemnizaciones o bien sea la búsqueda de una incapacidad permanente.

En el otro extremo están los **disimuladores**, aquellos que, padeciendo un trastorno y siendo conscientes de que se encuentran mal, lo intentan disimular por miedo al despido, por necesidad económica, por temor a la no renovación del contrato, a una mala imagen laboral o a otras causas, de tal modo que acaban por agravar o cronificar el cuadro.

4.2.7. Dificultades en el proceso de diagnóstico

Como puede verse, la labor de los médicos de atención primaria no es fácil, ya que, a la presión asistencial y a las limitaciones de tiempo para realizar la anamnesis y las exploraciones, se une la dificultad para constatar los síntomas de los pacientes con pruebas especializadas, teniendo como consecuencia que estos entren en una espiral de derivaciones hospitalarias con el objetivo de realizarles tales pruebas y que sean valoradas por parte de los especialistas.

El último escollo de esta cadena está en la falta de especialistas en salud mental, fundamentalmente psicólogos, tanto en atención primaria como en especializada, y la absoluta sobresaturación en la que se encuentran actualmente los dispositivos asistenciales, tanto de la sanidad pública como de la privada. Esto provoca demoras en las primeras citas, que retrasan el proceso de diagnóstico, y también una baja frecuencia de las intervenciones terapéuticas, que no solo puede contribuir a la cronificación de los cuadros sino que, ante la ausencia de avances, puede convertirse en iatrogénica, al provocar sentimientos de fracaso en los pacientes.

NOTAS

4.3. RIESGOS PSICOSOCIALES: TIPOS

Si bien las causas de los trastornos psicológicos padecidos por el trabajador pueden ser exógenas al sistema laboral y originarse en otras áreas vitales de la persona de tal modo que requieran adaptaciones laborales, desde el punto de vista empresarial, los riesgos psicosociales dimanados del trabajo son los que tienen más posibilidades de prevenirse o minimizarse por parte de la empresa.

El primer problema es la baja especificidad de muchos de los síntomas. La ansiedad se manifiesta igual, sea cual sea la causa, y la persona que la sufre es la primera que le atribuye un supuesto desencadenante. Sin embargo, esto no es más que «lo que la persona cree que le está generando ese malestar», por lo que la evaluación de los factores de riesgo en la empresa de ese trabajador debe realizarse independientemente de lo que la persona alegue como causa del malestar.

Un **indicador** de alta especificidad que vale de orientación para saber dónde puede encontrarse realmente el origen del problema es averiguar, a través de autorregistros, en qué momento de la semana o del día, la persona valorada percibe un aumento de los síntomas, de la ansiedad, de la labilidad emocional, pensamientos circulares, etc. Generalmente, los aumentos de síntomas originados por causas laborales se dan el domingo por la tarde o el lunes por la mañana, algo que se percibe especialmente en el trayecto hacia el lugar de trabajo. Por el contrario, el empeoramiento de aquellos síntomas cuya causa se encuentra en otras áreas se suele percibir en las horas previas a comenzar los días de libranza.

Cuando el foco causante parece estar en el trabajo, podemos encontrarnos ante diferentes tipos de riesgos psicosociales. La Agencia Europea de Seguridad y Salud en el Trabajo los define como:

«Aquellos aspectos del diseño, organización y dirección del trabajo y de su entorno social que pueden causar daños psíquicos, sociales o físicos en la salud de los trabajadores».

4.3.1. Factores de riesgo psicosocial

Entre los factores señalados por la Agencia Europea están los siguientes:

- Carga de trabajo excesiva o alta presión del tiempo disponible para realizarlos.
- Demandas laborales contradictorias.
- Funciones del trabajador inespecíficas o faltas de claridad.
- Sistemas de comunicación ineficaz.
- Mala gestión de los cambios en el seno de la organización.
- Falta de apoyo por parte de los superiores o compañeros.
- Desavenencias en las relaciones interpersonales laborales.
- Existencia de dinámicas y conductas de acoso, agresión y violencia.
- Dificultades a la hora de conciliar los compromisos laborales y la vida personal y sus responsabilidades.

NOTAS

En cumplimiento de la Ley de Prevención de Riesgos Laborales, los síntomas potencialmente relacionados con los riesgos psicosociales deberían:

- Valorarse **periódicamente** en todo el personal.
- Valorarse **individualmente** ante situaciones de IT, ante la constancia de que haya denuncias, a través del canal de alerta, de situaciones compatibles con el acoso laboral o ante la comunicación de que han aparecido síntomas, por parte del trabajador, al departamento de Recursos Humanos o a la mutua.

NOTAS

(continuación...)

- Para dicha evaluación, deben utilizarse **herramientas y técnicas** específicas, como el FPSICO,[50] el DECORE,[51] u otros instrumentos existentes.
- En caso de detectarse situaciones o factores de riesgo, deberá comenzar a **analizarse** la situación, **planificar** el tipo de intervención para erradicar el origen del problema y llevarla a cabo.

Este proceso de valoración, análisis, planificación y ejecución debe ser individualizado, dado que, si bien todos los riesgos psicosociales pueden tener graves consecuencias sobre la salud de las personas, son muy diferentes entre sí.

---

50. Evaluación de Factores Psicosociales. Disponible en: https://www.insst.es/materias/riesgos/riesgos-psicosociales/evaluacion-de-riesgos-psicosociales

51. Moreno, L. L. *et al.* (2008). Un instrumento de evaluación de riesgos psicosociales en el entorno laboral: «el Cuestionario Decore». *EduPsykhé: Revista de psicología y psicopedagogía*, *7*(2), pp. 131-153. https://web.teaediciones.com/DECORE--CUESTIONARIO-DE-EVALUACION-DE-RIESGOS-PSICOSOCIALES.aspx https://www.insst.es/documentacion/catalogo-de-publicaciones/fpsico-factores-psicosociales-metodo-de-evaluacion-version-4.1

4.3.2. Estrés

NOTAS

La Organización Mundial de la Salud (OMS) define el estrés como:

> «El conjunto de reacciones fisiológicas que prepara el organismo para la acción».[52]

Los individuos frecuentemente resumen su estado de malestar con la frase «tengo estrés». Pero el estrés es un **cuadro de adaptación del organismo a cambios** en nuestro entorno, entendiendo el entorno como *todo* lo que nos rodea. El estrés es una respuesta necesaria para la supervivencia, ya que, ante un estímulo amenazante, el cuerpo tiene una reacción fisiológica como mecanismo para prepararse a la defensa, la huida o la resistencia.

El problema del estrés es cuando la demanda o el estímulo se mantienen en el **tiempo**, en cuyo caso nuestro organismo no puede mantener los niveles de tensión de forma prolongada y llega al agotamiento, apareciendo todo tipo de síntomas psicológicos, físicos y conductuales como consecuencia de ese desgaste. Los individuos que no son capaces de adaptarse y responder de forma rápida a estos cambios experimentan sensaciones de angustia, agotamiento emocional y trastornos en los ritmos de la alimentación, la actividad física y el descanso.

Considerando el estrés como uno de los factores claves a la hora de desarrollar problemas psicológicos y físicos, vamos a diferenciar las distintas **fuentes** de las que procede.

52. Torrades, S. (2007). Estrés y burnout. Definición y prevención. *Offarm*, *26* (10), pp. 104-107.

Es importante recordar que el ser humano no está hecho de compartimentos estancos y frecuentemente lo que provoca la aparición de un cuadro multicausal son distintos agentes que pueden aparecer de forma coetánea o acumulativa, junto a los rasgos de personalidad u otros factores.

Las fuentes de estrés se clasifican en:

- Sucesos vitales **intensos y extraordinarios.**

  Pueden ser negativos o positivos, como mudanzas, bodas, separaciones, abortos, embarazo sorpresivo, muerte de algún familiar, etc.

  A nivel laboral podrían ser un accidente grave o la muerte de compañeros, traslados de sede a otra ciudad o país, etc.

  Son sucesos inhabituales que requieren una gran adaptación y cambios.
- **Sucesos diarios** estresantes de pequeña intensidad.

  La coexistencia de muchos pequeños estresores (elementos que causan el estrés) mantenidos a lo largo del tiempo puede ser igualmente devastadora, con el agravante de que la persona que lo sufre tendrá cierta dificultad para identificar sus síntomas como síntomas de estrés, al no poder atribuir la causa a hechos concretos. Estaríamos ante la conocida metáfora de la rana hervida.
- Sucesos de **tensión crónica mantenida**.

  Son hechos de tensión moderada o intensa que se mantiene en el tiempo, crisis de pareja, conflictos judiciales mantenidos en el tiempo, enfermedad grave y crónica de un familiar, crisis económicas que amenacen la empresa o la existencia del puesto de trabajo, etc.

Si nos centramos en los agentes estresores laborales, las evaluaciones de riesgos deben analizar una serie de aspectos básicos. Estos factores se dividen en tres bloques:

- Estresores del **ambiente físico de trabajo**

  Iluminación, ruido, vibraciones, temperatura, humedad, ambientes contaminados, situaciones potencialmente peligrosas, etc.
- Estresores relativos al **contenido de la tarea**

  Carga mental, falta de control, de autonomía, de iniciativa personal sobre la tarea, así como en la elección de los tiempos de descanso, etc.
- Estresores relativos a la **organización**

  Jornada de trabajo, promoción y desarrollo profesional, relaciones interpersonales, existencia o inexistencia de cauces adecuados de comunicación con superiores y compañeros de su entorno laboral, etc.

Por otro lado, el estrés también suele actuar de coadyuvante al agravar el cuadro sintomatológico de aquellas personas que, ante estas situaciones de estrés, bien sea para compensar la intensidad de la demanda laboral, o por sea por miedo al despido, bajan su rendimiento debido a su «desgaste». En otras palabras, obligarnos a disimular el estrés, autoexigiéndonos más, contribuye a que nosotros mismos elevemos dicho nivel de estrés.

De esta manera, se comienzan a descuidar aspectos fundamentales como la familia, el ocio, el deporte o la vida social, agravando así su situación psicofísica, ya que progresivamente van abandonando aquellos factores de protección que les estaban haciendo de soporte. Cuando se llega a esta situación, la deriva hacia una complicación de salud grave

acaba generando una IT, bien por causas físicas o bien por causas psicológicas.

Utilizando el símil de la silla, es evidente que cuantos más puntos de apoyo tenga esta, mayor será su estabilidad y mayor su capacidad para soportar peso y tensión. Es verdad que la dinámica familiar de las personas trabajadoras no depende de las empresas, ni los problemas por los que estos pasen a nivel social o personal, pero una empresa sí puede flexibilizar determinadas condiciones con el fin de que sus «sillas» no pierdan el equilibrio y adaptar los puestos de trabajo al momento vital y personal por el que sus empleados estén pasando. También es importante, a la hora de asignar puestos o funciones, tener en cuenta no solo la formación académica o formal, sino las habilidades y capacidades personales que posea cada individuo, o incluso facilitar su adquisición.

Desde el punto de vista de rentabilidad empresarial, una **política capacitista y flexible** con determinadas situaciones puede ayudar a minimizar el estrés, aunque este sea exógeno a la empresa, y consecuentemente reducir el absentismo y el número de bajas secundarias al mismo.

Como estamos viendo, hay dos tipos de factores, endógenos y exógenos que van a influir en la aparición y en el desarrollo de los trastornos mentales y de los síntomas psicosomáticos secundarios derivados del estrés:

- Los sociales, familiares e individuales.
- Y por otra parte, los factores inherentes al puesto de trabajo en sí.

NOTAS

Es evidente que, desde el punto de vista empresarial, solo se puede intervenir directamente sobre dos de ellos: los factores puramente individuales y los factores del puesto de trabajo. Si nos centramos en estos, el estrés laboral sería:

> La diferencia existente entre las demandas laborales y las capacidades, rasgos de personalidad, habilidades, conocimientos y estado de salud de la persona.

Adecuar y adaptar los unos a los otros, teniendo en cuenta el momento vital de cada trabajador, en la mayoría de las ocasiones es una *inversión*.

Respecto al estrés, es importante determinar la **etiología** del mismo, determinando si es atribuible a las circunstancias personales del trabajador y, por lo tanto, exógena a las condiciones laborales o si se debe a factores relacionados con el trabajo, sobre los cuales la empresa tiene una responsabilidad de acción, tal y como se indica en las normativas de Prevención de Riesgos Laborales.

El estrés laboral causado por las exigencias laborales, la sobrecarga de trabajo, la competitividad o las responsabilidades puede encontrar su origen en los siguientes desencadenantes:[53]

---

53. Organización Mundial de la Salud (2022). La salud mental en el trabajo. Puede consultarse la noticia en: https://www.who.int/es/news-room/fact-sheets/detail/mental-health-at-work
La fuente de la tabla es: INSST (2018). *El efecto sobre la salud de los riesgos psicosociales en el trabajo. Una visión general.* Publicado por la Organización Mundial de la Salud en el año 2010 con el título *Health Impact of Psychosocial Hazards at Work: An Overview.* Puede consultarse en: https://www.insst.es/documents/94886/538970/El+efecto+sobre+la+-salud+de+los+riesgos+psicosociales+en+el+trabajo+una+visión+general.pdf/7b79def3-88be-4653-8b0e-7518ef66f518

Contenido del trabajo	Falta de variedad o ciclos de trabajo cortos, trabajo fragmentado o sin sentido, insuficiente uso de habilidades, niveles altos de incertidumbre, trabajo continuado atendiendo personas.
Carga y ritmo de trabajo	Carga de trabajo excesiva o insuficiente, ritmo marcado por máquinas, elevada presión temporal, trabajo continuamente sujeto a plazos.
Horario laboral	Trabajo a turnos, nocturnidad, horarios inflexibles, jornada imprevisible, jornada prolongada, dificultades para la conciliación.
Control	Poca participación en la toma de decisiones, imposibilidad de controlar la carga de trabajo, ritmo, etc.
Entorno y equipos	Disponibilidad, adecuación o mantenimiento inadecuados de los equipos, malas condiciones ambientales como la falta de espacio, mala iluminación o ruido excesivo.
Estructura y cultura organizativa	Mala comunicación, poco apoyo para resolver problemas y para el desarrollo personal, falta de definición de objetivos en la organización (o falta de acuerdo sobre ellos).
Relaciones interpersonales en el trabajo	Aislamiento social o físico, mala relación con los superiores, conflictos entre personas, falta de apoyo social, violencia laboral, acoso.
Rol en la organización	Ambigüedad de rol, conflicto de rol y responsabilidad sobre otros.

Desarrollo profesional	Estancamiento e incertidumbre profesional, promoción excesiva o insuficiente, salarios bajos, inseguridad en el empleo, poco valor social en el trabajo.
Conciliación de vida personal y laboral	Conflictos entre las necesidades laborales y personales, poco apoyo en casa, problemas cuando ambos cónyuges tienen actividad profesional.

El extremo opuesto, la **falta de carga de trabajo**, también puede resultar estresante. Pocas tareas, o tareas muy simples, rutinarias o aburridas en relación a las habilidades y destrezas del trabajador, pueden dar lugar a insatisfacción, aburrimiento, falta de motivación o disminución del rendimiento. Por el contrario, cuando la tarea se adecúa a las expectativas y a la capacidad del profesional, contribuye al bienestar psicológico y supone una importante motivación.

La empresa es la que tiene la obligación de velar por la eliminación de los factores de riesgo o la minimización del impacto de los mismos. De hecho, la valoración periódica de estos factores a través de los instrumentos existentes ya señalados, como el DECORE, el FPSYCO u otros, es una de las acciones que debe acometer la empresa como parte de sus obligaciones.

4.3.3. Síndrome de desgaste profesional: *burnout*

El síndrome de *burnout* fue declarado en el año 2000 por la OMS como un **factor de riesgo laboral** por su capacidad para afectar la calidad de vida, salud mental e incluso capacidad de poner en riesgo la vida de una persona. Sin embargo, no está recogido como patología en los manuales diagnósticos de uso internacional (DSM-V,[54] CIE-11).

La definición más aceptada es la de C. Maslach, que describe el *burnout* como:

> Una «forma inadecuada de afrontar el estrés crónico, cuyos rasgos principales son el agotamiento emocional, la despersonalización y la disminución del desempeño personal».[55]

Si bien la prevalencia es mayor en aquellas personas que trabajan de cara al público y, sobre todo, en servicios de ayuda, dispositivos sociales, sanidad y educación, el «síndrome de estar quemado» puede darse en cualquier profesión.

Entre los **factores** detectados en el síndrome de *burnout*, además de la presencia de estrés, existen otras causas que pueden formar parte de la génesis y el curso del mismo, como pueden ser la monotonía, crisis en el desarrollo de la carrera profesional, pobres condiciones económicas, sobrecarga laboral, falta de estimulación, pobre orientación profesional y aislamiento.

---

54. American Psychiatric Association. (2014). *Guía de consulta de los criterios diagnósticos del DSM-5*. Arlington, USA: Asociación Americana de Psiquiatría. Disponible en: https://scielo.isciii.es/pdf/cmf/v21n3-4/14_libros01.pdf
55. Maslach, C. *et al.* (1986).*Maslach Burnout Inventory Manual.* Palo Alto.

Las variables personales (rasgos de personalidad, género, etc.) y sociales (apoyo social percibido) de cada trabajador pueden afectar a la aparición del *burnout*. Pero son las variables **organizacionales**, básicamente aquellas vinculadas al desempeño del puesto de trabajo, las que lo desencadenan.

NOTAS

«De esta manera, factores como el contenido del puesto, la falta de reciprocidad (dar más emocionalmente en el trabajo de lo que se recibe a cambio) o el clima organizacional, pueden convertirse en desencadenantes del síndrome de *burnout* y deberán tenerse en cuenta a la hora de diseñar la prevención psicosocial a nivel primario»
(Esteve *et al.*2007).[56]

El *burnout* se caracteriza por un **progresivo agotamiento físico y mental**, acompañado de falta de motivación, y en especial, por importantes cambios de comportamiento en quienes lo padecen. Este cambio de actitud hacia terceros, descrito frecuentemente como «irritabilidad», «malhumor» y «malos modales» hacia compañeros y usuarios, es uno de los síntomas clave para realizar un diagnóstico diferencial.

56. Esteve, E. *et al.*. (2007). *NTP 732: Síndrome de estar quemado por el trabajo "Burnout" (III): Instrumento de medición*. Obtenido de: https://www.insst.es/documents/94886/326775/ntp_732.pdf

En su presentación clínica, se identifican tres componentes que, a su vez, van a dar lugar a una multiplicidad de síntomas cognitivos, conductuales y fisiológicos:[57]

- **Cansancio o agotamiento emocional**
  Pérdida progresiva de energía, desgaste, fatiga.
- **Despersonalización**
  Construcción, por parte del sujeto, de una defensa para protegerse de los sentimientos de impotencia, indefinición y frustración.
- **Abandono de la realización personal**
  Aparece la percepción de que el trabajo ya no aporta nada a nuestra **psicobiografía** ni a nuestro autoconcepto (sentimientos de satisfacción, de logro, sensación de capacidad, construcción de la imagen social, etc.).

Como **herramienta especifica de cribado** para el síndrome de *burnout* se dispone del *Maslach Burnout Inventory (MBI)*. Además del MBI, existen otros instrumentos complementarios, que permiten evaluar otros aspectos relacionados con el «síndrome de estar quemado», como:

57. Aceves, G. A. (2006). Síndrome de burnout. *Archivos de Neurociencias*, 11, 4, pp. 305-309.

NOTAS

- El *Copenhagen Burnout Inventory (CBI)*, que valora el desgaste personal, el desgaste secundario al trabajo y el desgaste relativo al contacto continuado con los usuarios o clientes.
- El *Oldenburg Burnout Inventory (OLBI)*, que evalúa solamente aspectos relacionados con el agotamiento y la desmotivación laboral.
- El *Cuestionario para la Evaluación del Síndrome de Quemarse en el Trabajo (CESQT)*, que aporta la valoración de la desilusión progresiva, la pérdida del sentido del trabajo y las expectativas.

4.3.4. Acoso laboral o *mobbing*

El 21 de junio de 2019, la Conferencia General de la Organización Internacional del Trabajo adoptó en Ginebra el *Convenio sobre la eliminación de la violencia y el acoso en el mundo del trabajo*.

El término de **hostigamiento laboral** (*mobbing* o *bullying*), fue empleado inicialmente por el etólogo Konrad Lorenz para describir el comportamiento grupal de algunos animales que, a pesar de ser de menor tamaño, se reunían para atacar conjuntamente a un animal más grande o con mayor capacidad para defenderse.

En 1996 Leymann aplica este término a las dinámicas laborales, definiéndolo como:

«Una situación en la que una persona ejerce una violencia psicológica extrema, de forma sistemática y recurrente y durante un tiempo prolongado sobre otra persona o personas en el lugar de trabajo, con la finalidad de destruir las redes de comunicación de dichos trabajadores, destruir su reputación, perturbar el ejercicio de sus actividades laborales con el fin de que acaben abandonando la empresa».[58]

Si bien el primer tipo descrito es el que se corresponde con el acoso estratégico, existen otros tipos secundarios a diferentes motivaciones.

Según definición de la Organización Internacional del Trabajo (OIT):

«El acoso laboral, o *mobbing*, es determinada acción verbal o psicológica puesta en práctica sistemática y persistentemente para humillar, ofender o amedrentar a una persona en el entorno laboral» (Martin Daza *et al.*, 1998).[59]

Villariño *et al.* (2020) recogen en su artículo[60] la prevalencia de situaciones de acoso laboral con datos proveniente de diferentes estudios internacionales y nacionales. Por su par-

58. Leymann H. (1996). *La persecution au travail: Mobbing*. Editions du Seuil.
59. Martín Daza, F. *et. al.* (1998). *NTP 476. El hostigamiento psicológico en el trabajo: mobbing*. Madrid: Instituto Nacional de Seguridad e Higiene en el Trabajo. Disponible en: https://www.insst.es/documents/94886/326962/ntp_476.pdf/de8bdee0-e8f5-46c7-b4c0-1d0f62e9db69
60. Vilariño, M., *et al.* (2020). La simulación del acoso laboral en el LIPT-60: implicaciones para la evaluación psicológica forense. *Anuario de Psicología Jurídica, 30*, pp. 83-91.

te, Nielsen, Matthiesen y Einarsen (2010), en una revisión metaanalítica que integraba 102 prevalencias obtenidas en 24 países diferentes (siendo el 68 % europeos) con representación de todos los continentes, verificaron una prevalencia promedio del 14,6 %, dato que variaba entre el 11,3 % y el 18,1 % en función de cómo hubiese sido operativizado el acoso. Estas tasas están en sintonía con la más reciente *Sixth European Working Conditions Survey* (Eurofound, 2017), en la que se registra que un 16 % de la población trabajadora reconoce su exposición a conductas sociales adversas, tales como el acoso y la violencia en el trabajo.

NOTAS

A escala española, en el *Informe Cisneros XI* (Instituto de Innovación Educativa y Desarrollo Directivo – IIEDD, 2009) se observa que, a lo largo de la vida laboral de la persona, experimentan acoso un 21 % de los trabajadores, mientras que en el momento de la ejecución del estudio, el acoso era una realidad presente para el 13,2 % de los trabajadores en activo.

Al igual que en otros problemas, como la violencia de género, la violencia doméstica u otros tipos de acoso, algunas conductas son fáciles de identificar. Sin embargo, en muchas de ellas, la mayor dificultad aparece al intentar determinar en qué grado de **frecuencia o intensidad** de un hecho termina la normalidad y comienza propiamente el acoso.

El *Convenio sobre la eliminación de la violencia y el acoso en el mundo del trabajo*, adoptado por la Conferencia General de la Organización Internacional del Trabajo, plantea la siguiente definición:

«La expresión "violencia y acoso en el mundo del trabajo" designa un conjunto de comportamientos y prácticas inaceptables, o de amenazas de tales comportamientos y prácticas, ya sea que se manifiesten una sola vez o de manera repetida, que tengan por objeto, que causen o sean susceptibles de causar, un daño físico, psicológico, sexual o económico, e incluye la violencia y el acoso por razón de género».

La ambigüedad respecto a qué se considera acoso suele ser uno de los problemas a hora de determinar ante qué tipo de riesgo psicosocial estamos. En materia de jurisprudencia, la sentencia de la Sala de lo Social del TSJ de Madrid, de 14 de marzo de 2012[61] intenta esclarecer este punto argumentando lo siguiente:

«Al igual que no hay un acuerdo universal acerca de lo que constituye acoso, tampoco lo existe acerca de lo que constituye un comportamiento acosador. Y es que el acoso depende, en gran medida, de la percepción del receptor; pues para lo que un individuo puede ser perfectamente aceptable para otro no lo es.

61. Sentencia del Tribunal Superior de Justicia. Disponible en: https://www.maz.es/prevencion/boletin-prl/boletines%20prl/prevencion_n15/sentencias/boletin14-6.pdf

(continuación...)

En cualquier caso, sí parece haber convergencia en una serie de conductas que deben ser consideradas como constitutivas de acoso: persistentes e injustas críticas, comentarios ofensivos o humillantes, ignorar, hacer el vacío, imponer tareas de poca importancia o menores, disminuir o degradar las que se tenían, quitar responsabilidades sin justificación, disminuir la autoridad, comportamientos físicos intimidatorios.

(...) Como venimos diciendo, el *mobbing* es esencialmente ambiguo y subjetivo, porque no puede prescindir de las percepciones del sujeto receptor del comportamiento. Lo que es ofensivo para uno, para otro puede no serlo. (...) Obviamente, la crítica justa y constructiva acerca del rendimiento o del comportamiento de un trabajador en el trabajo no es acoso, como tampoco lo es una voz elevada y malhumorada ocasionalmente. Sin embargo, para distinguir si nos encontramos entre un conflicto laboral positivo y por tanto normal o ante una situación de acoso debe concurrir: 1) una relación de poder desigual entre los protagonistas, manifestada en una posición jerárquica, de fortaleza de personalidades o de conocimiento; 2) el acto o conducta debe dirigirse contra un individuo personalmente y este lo debe percibir como amenazante, ofensivo o degradante (en un conflicto laboral positivo los protagonistas mantienen un equilibrio y se mantienen siempre fuera del terreno personal); y 3) debe ser persistente en el sentido de comprender más de un acto o actos aislados (en un conflicto laboral positivo, el enfrentamiento es puntual resolviendo normalmente las partes sus diferencias en un período relativamente corto de tiempo).

NOTAS

(continuación...)

(...) También suele ser frecuente que la empresa u organización tienda a presentar o a tratar a la víctima del acoso como el problema o generador del problema, culpándola o responsabilizándola incluso de la situación en la que cual se encuentra. Finalmente, la intención de ofender o de dañar o perjudicar al otro no es imprescindible, siendo ello debido a que la intención es muy difícil de probar; bastando por el contrario el efecto, que se convierte así en lo primordial (comportamiento que evidencia el propósito o tiene el efecto, en palabras de la directiva). Por consiguiente, el hecho de que la persona que comete acoso no tenga la intención de ello, o de que se valga de medios legítimos o legales, no hace al acto o conducta menos lesiva».

4.3.4.1. Cuestionario de estrategias de acoso en el trabajo (LIPT-60)

El primer teórico conocido sobre el acoso laboral, Leymann, definió las fases prototípicas de las situaciones de acoso y creó un inventario de acoso (LIPT) con 60 conductas habitualmente presentes. Este cuestionario se utiliza actualmente para medir la frecuencia e intensidad de situaciones compatibles con el acoso que manifiesta la persona evaluada.

El LIPT-60 no es una prueba de la existencia de tal acoso, dado que no es responsabilidad de los peritos probar los hechos declarados, pero sí tienen como responsabilidad determinar si el estresor que se ha alegado es compatible con la lesión psíquica que presenta la víctima. El LPT-60 sirve, por lo tanto, para valorar la capacidad *traumatógena* de los hechos declarados y si estos son compatibles con el diagnostico e intensidad de los síntomas que se puedan encontrar durante la evaluación psicológica forense. La labor de los psicólogos forenses, como sabemos, es demostrar la presencia de una lesión psíquica o de una secuela, y determinar si la situación que se ha alegado como causante de la misma tiene la capacidad traumática para producir esa entidad diagnosticada y con el nivel de gravedad que se ha encontrado.

NOTAS

El cuestionario LIPT-60 (con la adaptación española de González de Rivera y Rodríguez-Abuín del año 2005)[62] divide las conductas en seis categorías:

- Limitación de la comunicación.
- Entorpecimiento del logro.
- Desprestigio personal.
- Desprestigio laboral.
- Intimidación encubierta.
- Intimidación manifiesta.

En el contexto español existen otros instrumentos para valorar el tipo e intensidad de las conductas dc acoso referidas por los trabajadores. Entre ellos, se encuentran:

62. González de Rivera, J. L. y Rodríguez-Abuín, M. (2005). *LIPT-60. Cuestionario de estrategias de acoso psicológico. Manual.* Editorial EOS.

NOTAS

- La escala Cisneros (Fidalgo y Piñuel, 2004).[63]
- El cuestionario de conductas negativas-revisado (NAQ-R) (Einarsen, Hoel y Notelaers, 2009)[64], adaptado a la población española por González-Trijueque y Graña (2013).[65]
- La escala de abuso psicológico aplicado en el lugar de trabajo (EAPA-T), de Escartín, Rodríguez-Carballeira, Gómez-Benito y Zapf, del año 2010.[66]

4.3.4.2. Conductas concretas de *mobbing*, agrupadas por factores (Zapf, Knorz y Kulla, 1996)

Entre las conductas concretas señaladas por la *Guía de actuación inspectora en factores psicosociales* como potencialmente constitutivas de *mobbing*, en tanto en cuanto estas sean reiteradas, se encuentran las siguientes:

63. Fidalgo, M., y Piñuel, I. (2004). La escala Cisneros como herramienta de valoración del mobbing [*Cisneros Scale to assess psychological harassment or mobbing at work*]. *Psicothema, 16*, pp. 615-624. Recuperado de http://www.psicothema.com/pdf/3041.pdf
64. Einarsen, S. *et al.* (2009). Measuring bullying and harassment at work: Validity, factor structure and psychometric properties of the Negative Acts Questionnaire-revised. *Work and Stress*, 23, pp. 24-44. https://doi.org/10.1080/02678370902815673
65. González-Trijueque, D., y Graña, J. L. (2013). Adaptación psicométrica de una versión española del cuestionario de conductas negativas revisado (NAQ-R). *Psicopatología Clínica, Legal y Forense*, 13, pp. 7-28. Recuperado de: https://dialnet.unirioja.es/servlet/articulo?codigo=6380082
66. Escartín, J. *et al.* (2010). Development and validation of the workplace bullying scale EAPA-T. *International Journal of Clinical and Health Psychology, 10*, pp. 519-539. Recuperado de https://dialnet.unirioja.es/servlet/articulo?codigo=3330080&orden=273712&info=link

1

Ataques a la víctima con medidas organizacionales:

- El superior restringe las posibilidades de hablar a la persona que está a su cargo.
- Cambiar la ubicación de una persona separándole de sus compañeros.
- Prohibir a los compañeros que le hablen a una persona determinada.
- Obligar a alguien a ejecutar tareas en contra de su conciencia.
- Juzgar el desempeño de una persona de manera ofensiva.
- Cuestionar sistemáticamente las decisiones de un trabajador.
- No asignar tareas a una persona o asignarlas sin sentido.
- Asignar tareas por debajo de sus posibilidades o asignar tareas degradantes.

NOTAS

2

Ataques a las relaciones sociales de la víctima con aislamiento social:

- Se restringe a los compañeros hablarle a una persona.
- Rehusar la comunicación con una persona a través de miradas y gestos.
- Rehusar la comunicación con una persona negándose a comunicarse directamente con ella.
- No dirigir la palabra a una persona.
- Tratar a una persona como si no existiera.

NOTAS

3

Ataques a la vida privada de la víctima:

- Críticas permanentes a la vida privada de una persona o hacer mofa de la misma.
- Terror telefónico.
- Dar a entender que una persona tiene problemas psicológicos o que no tiene la capacidad (de comprensión, etc.) suficiente.
- Mofarse de las discapacidades de una persona.

4

Violencia física:

- Ofertas sexuales, violencia sexual.
- Amenazas de violencia física.
- Uso de violencia menor.
- Maltrato físico.

5

Ataques a las actitudes de la víctima:

- Ataque a las actitudes y creencias políticas o religiosas.
- Mofarse de la nacionalidad de la víctima.

NOTAS

6

Agresiones verbales:

- Gritar, insultar, proferir amenazas verbales.
- Críticas permanentes del trabajo de la persona.

7

Rumores:

- Hablar mal de la persona a su espalda.
- Difusión de rumores.

Uno de los estereotipos relacionados con el acoso y que constituye un error común es creer que, para que se dé una situación de *mobbing*, es necesario una posición de poder dentro de la estructura de la empresa, ya que, como señala la sentencia, «esta superioridad puede ser manifestada en una posición jerárquica, de fortaleza de personalidades o de conocimiento», pudiendo dar lugar al *mobbing* vertical ascendente o al más habitual, el *mobbing* horizontal.

Hay diferentes **tipos**, de acoso que se distinguen por su dirección y su prevalencia:

NOTAS

- Acoso laboral **ascendente**

  Se da cuando un trabajador de nivel jerárquico superior es atacado por uno o varios de sus subordinados. En muchas ocasiones suele encontrarse que el atacante tiene una posición de mayor antigüedad y conocimiento de la organización que el agredido.

  Desde el punto de vista estadístico, los estudios indican que es el tipo de acoso más infrecuente.

- Acoso laboral **descendente**

  La víctima se encuentra jerárquicamente situada en un nivel inferior y es atacado por uno o varios trabajadores que ocupan posiciones superiores.

  Es el tipo de *mobbing* más habitual. Puede dividirse, según M.F. Hirigoyen (2001)[67], en los siguientes subtipos, según la motivación que subyace:

  - Acoso **perverso**

    Cuyo único objetivo es el afán de dañar al otro. En ocasiones va precedido de insinuaciones sexuales o acoso sexual.

  - Acoso **estratégico**

    En este tipo de hostigamiento, el objetivo es presionar al trabajador, con el fin de que se marche de la empresa voluntariamente, evitando el procedimiento de despido y su indemnización económica.

67. Hirigoyen, M. F. (1996). *El acoso moral. El maltrato psicológico en la vida cotidiana* Éditions La Découverte y Syros.

NOTAS

(continuación...)

- Acoso **institucional**

  Cuando estas conductas se utilizan como instrumento de gestión del conjunto del personal, en cuyo caso suelen ser más visibles a ojos de terceros, pero estas mismas instituciones también suelen inhibir los testimonios de otros trabajadores en caso de ser judicializado.

- **Acoso laboral horizontal**

  Cuando el acoso se da entre compañeros situados en el mismo nivel jerárquico.

Las causas más habituales descritas por la bibliografía están relacionadas con la dificultad de las personas para **tolerar la diferencia**, encontrando frecuentemente personas victimizadas por características que están sujetas a estigmatización (raza, etnia, discapacidad física, psíquica o sensorial, orientación sexual, identidad sexual, religión, pertenencia a minorías étnicas o a movimientos sociales, etc.). La estigmatización de terceras personas[68] serviría teóricamente a los acosadores para mejorar su autoestima, sintiéndose superiores por despreciar a los demás.[69]

68. Goffman, E. (1990). *Stigma: Notes On The Management of Spoiled Identity*. Penguin Group.
69. Heatherton, T. F. *et al.* (2003). *The Social Psychology of Stigma*. Guilford Press.

Pero no solo las características «estigmatizables» pueden ser el origen del acoso, sino que también pueden serlo las virtudes o las características positivas: ser inteligente, sociable, atractivo o simplemente tener más dinero, estatus social o cosas que los otros pueden desear (lo que en el lenguaje común se llama «envidia»). No debemos olvidar que los «matones de instituto» crecen y se incorporan al mundo laboral, y que la edad cronológica no siempre se corresponde con la edad madurativa ni con los niveles de desarrollo moral. El acoso horizontal también puede producirse por enemistad personal. Un roce, un enfrentamiento, una rivalidad por cualquier motivo laboral o extralaboral puede acabar convirtiéndose en el origen de un acoso sistemático. Desde el punto de vista de la evaluación de los riesgos, se trataría de un primer problema de conflicto laboral no detectado o infravalorado y cuyo curso evolucionaría a una situación de *mobbing*.

El acoso psicológico en el lugar de trabajo se considera como uno de los más importantes riesgos psicosociales a los que puede enfrentarse una persona en el entorno laboral (Moreno-Jiménez y Rodríguez-Muñoz, 2006).[70] El *mobbing* se diferencia de otros riesgos psicosociales, entre otras cosas por la tendenciosidad y el encubrimiento. La primera es observable en la medida en la que las acciones están dirigidas a una persona o personas concretas, y la segunda lo es en tanto en cuanto se ocultan los problemas en la mayoría de los casos, las quejas no son explícitas y los perpetradores niegan la presencia de un conflicto entre los implicados, desarrollándose la escalada de hostigamiento bajo la apariencia

70. Moreno-Jiménez, B., y Muñoz, A. R. (2006). Número monográfico sobre acoso psicológico en el trabajo: una perspectiva general. *Revista de Psicología del Trabajo y de las Organizaciones*, *22* (3), pp. 245-249.

NOTAS

de normalidad y percibiéndose generalmente solo a largo plazo a través del impacto psicológico sobre la víctima.

Desde el punto de vista psicopatológico también hay diferencias significativas con otros riesgos psicosociales, como son la aparición de *paranoidismo* y su correspondiente elevación en aquellas pruebas *psicodiagnósticas* que valoran la psicopatología. En el estudio de Abuin y Diaz de Rivera (2006),[71] realizado específicamente con población española, se encontró que aquellos afectados en el trabajo por acoso presentaban psicopatología significativa, con medidas elevadas en el total de síntomas, y especialmente en las dimensiones de somatización, depresión, obsesión-compulsión, hostilidad e ideación paranoide con respecto a la media de la población psiquiátrica. Como afirman en sus conclusiones:

> «La relación inversa entre las dimensiones psicopatológicas de ideación paranoide y de sensibilidad interpersonal sugiere que las estrategias de acoso psicológico en el trabajo tienen un efecto *paranógeno*, independiente de la susceptibilidad interpersonal o de la tendencia a interpretar de manera negativa las actuaciones ajenas».[72]

71. González de Rivera, J. L., y Rodríguez-Abuín, M. (2006). Acoso psicológico en el trabajo y psicopatología: Un estudio con el LIPT-60 y el SCL 90-R. *Journal of Work and Organizational Psychology, 22* (3), pp. 397-412.
72. Rodríguez-Abuín, M. J., y González de Rivera, J. L. (2006). Diagnóstico diferencial del paranoidismo en los síndromes de acoso. *Diagnóstico, 7* Conferencia.

4.3.4.3. Un caso especial: el acoso sexual

La Directiva 2002/73/CE define el acoso sexual como:

La situación en que se produce cualquier comportamiento verbal, no verbal o físico no deseado de índole sexual, con el propósito o el efecto de atentar contra la dignidad de una persona, en particular cuando se crea un entorno intimidatorio, hostil, degradante, humillante u ofensivo.

La inmensa mayoría de las personas que sufren acoso sexual son mujeres y su erradicación forma parte del compromiso por la igualdad que debe vertebrar a toda sociedad.

Se deben distinguir dos tipos de acoso sexual en el trabajo:

- **Acoso *quid pro quo***

  Como su propio nombre indica, es el requerimiento de conductas sexuales a cambio de una ganancia laboral o para evitar un perjuicio en dicho ámbito. Es evidente que esto lleva implícito que sea necesaria una posición de superioridad real o de facto. La respuesta al acoso (positiva o negativa) sirve de base, implícita o explícitamente, para decisiones relacionadas con el acceso de dicha persona a la formación profesional o al empleo, a la continuidad del contrato de trabajo, a la promoción profesional, al aumento de salario, etc. (González de Rivera, 2002)[73].

73. González De Rivera, J. L. (2002). *El maltrato psicológico: cómo defenderse del mobbing y otras formas de acoso.* Espasa Calpe.

NOTAS

(continuación...)

En este tipo de acoso sexual la conciencia de que se está siendo acosado es casi inmediata, a diferencia de aquel otro acoso laboral en el que muchas veces se tarda en tomar conciencia de ser una víctima. En ocasiones, negarse a las pretensiones sexuales conlleva el comienzo de las dinámicas de acoso laboral.

- **Acoso sexual ambiental** (*hostile environment harassment*)

  En este caso, no es una sola persona quien lo ejerce, sino que el acoso sexual forma parte del clima laboral, mediante insinuaciones, verbalizaciones (muchas veces hostiles) e incluso contactos físicos indeseados. Puede ser visto por algunas personas como «normal» en entornos laborales tradicionalmente masculinizados (ejército, construcción, etc.) o que exijan formas de vestir cosificadas o sexualizadas, como ocurre en algunos sectores de la hostelería (ocio nocturno) o en azafatas de distintos tipos de eventos (deportivos, corporativos, etc.).

Este tipo de acoso es un delito contra la libertad sexual. En los delitos contra la libertad sexual, con elevadísima e intolerable frecuencia, se presupone que la víctima es culpable total o parcialmente, y se la somete a un juicio paralelo en el que se cuestiona su vida anterior y posterior al hecho. A ese juicio social la víctima añade el miedo a las consecuencias que puedan acarrearse en su puesto de trabajo, y con ello su estabilidad económica personal. Por esos motivos es posible que tal víctima oculte estas conductas y no las manifieste hasta un momento posterior, cuando constate que le ha afectado psicológicamente, por lo que la denuncia será ex-

temporánea, muy posterior al comienzo de los hechos. Este hecho, perfectamente explicable desde la victimología, tiene como hándicap que se interpreta y utiliza como un indicio de menor credibilidad.

4.3.4.4. El proceso de victimización en el acoso laboral

Una pregunta recurrente realizada muchas veces, tanto por profesionales clínicos, como por compañeros y conocidos, y utilizada como argumento de defensa durante los procedimientos judiciales, es aquella que plantea por qué no se denunció antes la situación. Esta pregunta es la misma que suele hacerse a las víctimas de violencia de género y otras formas de victimización continuada, y también es una forma de victimización secundaria.

Normalmente las víctimas llegan ante los tribunales tras años de sufrimiento y con trastornos psicológicos y psicosomáticos de larga duración. De hecho, hay que tener conocimientos de victimología y realizar un ejercicio de empatía para comprender que, en muchos casos, durante mucho tiempo, ni siquiera reconocían que estaban siendo víctimas de acoso. Pero, ¿cómo es posible que hasta las propias víctimas desconozcan que lo son? Porque el criterio social sobre lo que son o no son conductas hostiles resulta no ser uniforme.

Lo que afirmaba el Defensor del Pueblo respecto a las conductas constitutivas de violencia sobre las mujeres es perfectamente extrapolable al acoso laboral:

NOTAS

> «Es frecuente que se observen comportamientos de maltrato psicológico y que socialmente sean aceptados, se minimice su importancia o incluso se justifiquen, en el marco de nuestros referentes culturales y entren dentro de los límites de la normalidad».[74]

La dificultad para ser consciente de que se está siendo víctima de una situación de acoso estriba directamente en sus dinámicas de instauración.

Las fases del *mobbing* descritas por Leymann (1996) exponen no solo las diferentes etapas del acoso, sino que también explican los cambios que se van produciendo en las victimas del mismo.[75]

1 Fase 1: incidentes críticos

- Se inicia el acoso psicológico. Ante la aparición de incidentes puntuales, aparece la **desorientación**. Al comienzo, la víctima se encuentra conductas esporádicas, de pequeña intensidad, como malas contestaciones, silencios como respuesta, desplantes, aumento de las exigencias, comunicaciones imperativas, etc.
- Esa desorientación se convierte en el primer síntoma de las víctimas. En este momento es usual que la víctima piense que está ocurriendo algo pero se imagina que es una actitud temporal.

74. Véase https://www.defensordelpueblo.es/wp-content/uploads/2015/05/1998-01-La-violencia-dom%C3%A9stica-contra-las-mujeres.pdf
75. Veáse https://jupsin.com/jupsin/el-acoso-laboral-mitos-y-realidad/

(continuación...)

A medida que se toma consciencia de que hay cierta continuidad aparece el **autocuestionamiento**, y pasará a preguntarse qué ha podido hacer mal. Las víctimas, aunque no encuentran un motivo, no actúan, dado que confían en que las conductas desaparecerán por sí solas, volviéndose a normalizar la situación en poco tiempo.

- Mientras se padecen cada vez más conductas hostiles, sutiles en la mayoría de los casos, comienza un proceso en el que suelen aparecer **mecanismos mentales de defensa**, como la negación, la minimización y otros, que acabarán creando una telaraña psicológica que le impedirá a la víctima percibir lo que le está ocurriendo en toda su dimensión, dificultando establecer una relación entre los síntomas psicológicos y físicos que comenzarán a aparecer con las conductas sufridas en el entorno laboral. Los mecanismos de defensa desplegados son los siguientes:
  - **Negación del hecho**

    «No me puede estar pasando esto, seguro que son imaginaciones mías».

    O negación de la intención: «Lo ha hecho sin querer», «No se habrá dado cuenta...».
  - **Minimización**

    «Bueno, voy a tranquilizarme, solo ha sido una mala contestación, no merece la pena».
  - **Justificación o atribución externa**

    «Estará pasando por un mal momento y por eso está así de antipático. Se le pasará».

NOTAS

En estas fases iniciales la víctima intenta resolver la situación del modo más discreto posible, sin darse cuenta de que dos partes no terminan con un problema si una no quiere. Por lo tanto, el hostigamiento continúa y la víctima se hace la segunda pregunta peligrosa: «¿Qué estoy haciendo mal y por qué la situación no desaparece?».

La persona afectada, entonces, empieza a reflexionar sobre el origen del problema, intentando encontrar errores propios de su pasado que le hagan entender el motivo, convirtiéndose el autoanálisis en un pensamiento reiterado.

El ejercicio de recuerdo y análisis de su propia conducta en busca de una posible causa de la situación que está viviendo genera obsesión, rumiación, pensamientos circulares y centralidad del problema. Si el hostigamiento continúa, la víctima comienza a preguntarse en qué ha fallado para parar la escalada hostil y qué es lo que puede hacer para que el hostigamiento cese. A partir de ese momento, cuando constate que ninguna iniciativa mejora la situación, empieza a surgir la indefensión aprendida,[76] el sentimiento de que haga lo que haga nada cambiará. Empiezan a percibirse los primeros síntomas de ansiedad, aparece la dificultad para conciliar el sueño y alteraciones, por defecto o por exceso, en el apetito, entre otras manifestaciones posibles.

La tendencia general es a no contar el problema, o a hacerlo solamente fuera del lugar de trabajo, con la esperanza de que finalice solo y confiando que se resolverá en un plazo breve. Después de todo, la mayoría de nosotros tendemos a evitar las situaciones incómodas o difíciles, máxime en nuestro centro laboral y, sobre todo, porque en el fondo, aún consideramos que son pequeñas cosas, sin ser conscientes de que, en casos como este, es la multiplicidad de

76. Seligman, M. (1975). *Helplessness: On Depression, Development, and Death*. W. H. Freeman.

microtraumas lo que acaba generando el daño. La motivación de base para este silencio es el miedo a que la situación repercuta en las condiciones de su puesto de trabajo, y la conducta habitual, por lo tanto, es tender a la evitación del conflicto.

2 Fase 2: acoso y estigmatización

Ante la ausencia de respuesta por parte de la víctima, la persona acosadora incrementa la frecuencia e intensidad de las conductas. La repercusión psicopatológica aumenta, apareciendo nuevos síntomas y agravándose los anteriores. Comienza a aparecer el comportamiento paranoide y la sensación de indefensión de la víctima.

3 Fase 3: petición de ayuda e intervención de la dirección

El aumento de la presión suele conllevar las primeras consultas a los cargos superiores, departamento de Recursos Humanos o representantes sindicales. También es posible que, además, para no ser señalado como conflictivo, la propia víctima pida que se trate el asunto con discreción, lo que conllevará que pueda encontrarse con respuestas ineficaces o incluso que refuercen su victimización, como decirle que ignore las conductas de la persona agresora.

NOTAS

(continuación...)

Generalmente, la víctima intenta dar la mínima repercusión a los hechos con el objetivo de no enturbiar el clima laboral. Esto suele provocar respuestas y soluciones habitualmente inoperantes por parte de la empresa, que muchas veces afirma «que no puede hacer más», «que no está claro» o incluso acusa a la víctima de ser especialmente sensible o suspicaz («no es para tanto»).

La víctima, además de ser marginada por la persona que la acosa, puede comenzar a sentirse aislada, y es posible que algunos compañeros empiecen a rehuir del contacto, para evitar el «contagio» y convertirse ellos en las siguientes víctimas. Incluso la víctima puede llegar a autoexcluirse para evitar aquellas ocasiones que le hagan sentir tal rechazo o también para evitar coincidir con la persona que le está agrediendo. Aparecen sentimientos de culpabilidad por no saber gestionar el problema y, además de aumentar la sintomatología ansiosa, se comienza a instaurar la sintomatología depresiva.

Entre los factores estudiados se ha constatado que la capacidad *traumatógena* del acoso y su repercusión psicopatológica es mayor a mayor precariedad laboral de la persona trabajadora, cuanto menor sea su poder adquisitivo, si las hostilidades provienen de un grupo en lugar de hacerlo de una sola persona, si el acosador es un superior y, por último, cuando la víctima tiene algún tipo de discapacidad.

Estas acciones, algunas de apariencia irrelevante, sin testigos presenciales y con pocas pruebas conservadas, en muchos casos, en el caso de llegar a ser judicializadas, van a plantear serios problemas por cuestiones de orden

probatorio, como pudieran ser la relación de las conexiones causales entre las conductas del victimario y los resultados perjudiciales para la víctima, entre las que se encuentran las lesiones y las secuelas psicológicas.

La persona acosada comienza a ser consciente de que su estado de salud se ha agravado y que está causado por el hostigamiento que está sufriendo. Además del deterioro en la salud psicológica y física, suele aparecer un deterioro **social** con aislamiento, irritabilidad y anhedonia (incapacidad de disfrute). Pueden aparecer conductas de evitación o autodestructivas (absentismo, consumo de fármacos no prescritos por un facultativo, consumo de alcohol, tabaco, etc.). El estrés continuado que provocan los microtraumas aumenta los niveles de cortisol, la hormona del estrés, que a su vez va a repercutir sobre diferentes órganos y sistemas. Esto puede conllevar la aparición de hipertensión arterial, cefaleas tensionales, contracturas musculares, problemas gastrointestinales, fatiga, dermatitis, etc. El cortisol también deteriora el sistema timo-linfático, lo que facilita la aparición de enfermedades oportunistas, por lo que cualquier virus encontrará territorio abonado en un cuerpo con las defensas minadas.

A esta situación psicológica y física hay que sumarle los **problemas del sueño y a las alteraciones alimentarias** que suelen aparecer de forma precoz. Por otro lado, la excreción elevada del cortisol afecta a la materia gris del hipocampo, lo que también genera problemas de memoria que se suman a los problemas de atención y concentración propios que provoca la ansiedad.

De forma coetánea, el número de bajas por sintomatología puntual reactiva al estrés generado por el acoso empieza a aumentar, produciéndose IT de corta duración reactivas a las infecciones, dolores, problemas gastrointestinales u otros síntomas. También aumentan los errores, la accidentabilidad y disminuye la eficacia y rendimiento del trabajador.

En el acoso laboral o sexual pueden aparecer algunos diagnósticos psicológicos diferentes a los que se generan por el estrés común, entre los que están el trastorno de estrés postraumático (TEPT) o el trastorno de estrés postraumático complejo (TEPT-C), dado que estamos ante un hecho intencional realizado por personas que va a afectar a nuestro concepto del ser humano y a nuestro concepto de seguridad.

4 Fase 4: salida o expulsión

Generalmente, en esta fase, incluso aunque se hayan reconocido los hechos, muchas veces la persona se siente incapaz, no solo de volver a encontrarse con las personas que le hostigaron, sino en ocasiones incluso también se siente incapaz de volver al mismo escenario, por lo que en los procedimientos judiciales muchas veces se niegan a aceptar la readmisión si han sido despedidos improcedentemente. Por otro lado, también es frecuente que en una IT de larga duración, ante un alta médica, prefieran incluso abandonar el puesto de trabajo. En esta fase, y agravadas por un aumento de la victimización por parte de empresa y los tribunales, las lesiones suelen convertirse en secuelas y cuadros crónicos, pudiendo incluso llevar a la incapacidad permanente de la persona trabajadora por patología psiquiátrica.

NOTAS

NOTAS

«La sintomatología clínica en las víctimas de *mobbing* puede resultar muy heterogénea» (Leymann y Gustafsson, 1996; Mikkelsen y Einarsen, 2001).

«No obstante, los síntomas más habituales suelen ser los relacionados con los cuadros de estrés y ansiedad, como por ejemplo la presencia de un miedo acentuado y continuo que se manifiesta en indicadores de tipo fóbico o evitativo, pudiendo dicha ansiedad situacional generalizarse a otras situaciones de la vida cotidiana y configurar cuadros más incapacitantes» (Einarsen y Mikkelsen, 2003; González-Trijueque *et al.*, 2010; González-Trijueque y Marina, 2011).[77]

Si bien vamos a encontrar daño psíquico con diferentes niveles de intensidad, desde cuadros subclínicos a secuelas cronificadas, en la mayoría de las víctimas de acoso laboral, también puede ocurrir que una víctima real de acoso no presente psicopatología asociada. Esto puede deberse a factores de resiliencia, mecanismos de afrontamiento, duración y nivel de intensidad del acoso. Pero, si se demuestra que ha sufrido hostigamiento, aunque no exista lesión psíquica, se puede reclamar el daño moral (González de Rivera y López-García, 2003).

77. González-Trijueque, D. G., y Marina, S. D. (2011). Propuesta metodológica para la evaluación pericial de la víctima de mobbing. *Psicopatología Clínica Legal y Forense, 11* (1), pp. 143-166.

NOTAS

Es evidente que las empresas no pueden evitar que entre sus empleados aparezca un perfil acosador. La capacidad para detectar «garbanzos negros» es limitada, fundamentalmente por la disimulación lógica que la mayoría de las personas despliegan ante una entrevista de trabajo o ante un proceso de selección. Pero sí es responsabilidad de la empresa actuar **correctamente**. Y eso pasa por realizar investigaciones internas objetivas, tomar todas las medidas posibles para evitar nuevas actuaciones o conductas mientras se están dilucidando los hechos y asumir las medidas disciplinarias o judiciales pertinentes que garanticen la protección de la víctima y eviten su revictimización.

Respecto a la posibilidad de mediación en el *mobbing*, hay que recordar que la mediación parte siempre del prerrequisito de que, para poder llevarla a cabo, es necesaria una situación de igualdad. Es por ello que, a pesar de que exista esta posibilidad en los conflictos laborales, no se suela indicar para casos de acoso. En el acoso laboral estamos ante un proceso de victimización en el que frecuentemente hay una asimetría, desequilibrio de poder (estructural o de facto) y frecuentemente daño psicológico en quien lo sufre. Plantear una mediación en la mayoría de los casos podría suponer una revictimización secundaria.

Solamente debería contemplarse como posibilidad **a petición de la víctima**, nunca sugerido o impuesto por la empresa, siempre y cuando estemos en fases iniciales y solo en casos de *mobbing* **horizontal**.

La medida más terapéutica que se puede tomar por parte de una empresa es que la persona acosada se sienta apoyada y amparada, hecho que por otro lado dificultará que se pueda interponer una demanda por vulneración de principios fundamentales responsabilizando a la empresa.

4.4. MÉTODOS DE PREVENCIÓN, DETECCIÓN TEMPRANA Y ACTUACIÓN ANTE LOS RIESGOS PSICOSOCIALES: PERSPECTIVA PSICOLÓGICA

Las leyes de salud laboral, en concordancia con las políticas de salud pública, inciden en que se debe intervenir desde la prevención primaria, siendo la prevención secundaria (detección precoz) y la terciaria (intervención y tratamiento), opciones asistenciales para utilizar cuando la primera no haya funcionado. Esto es, existe una **obligatoriedad** de prevención por parte de las empresas.

Esta prevención puede ser enfocada de diferentes maneras. No solo existe la opción de intervenir sobre las condiciones del puesto de trabajo o sobre la organización, sino que también se puede hacer directamente sobre los trabajadores, dotándoles de las habilidades y recursos necesarios para gestionar, reducir o minimizar el estrés.

NOTAS

La OMS[78] estableció **tres áreas de intervención básicas**:

- La adopción de medidas para prevenir la enfermedad mental.
- La promoción de hábitos de salud.
- La reincorporación al trabajo de los individuos que sufran problemas de este tipo.

En las directrices desarrolladas conjuntamente por la OIT y la OMS[79] se indican, con base en la evidencia terapéutica, diferentes disposiciones que aplicar y el grupo diana al que estarían dirigidas dichas intervenciones, separando las aplicables a todo el grupo de trabajadores (universales), las de los trabajadores en riesgo de sufrir problemas de salud mental (selectivas), las de los trabajadores que ya experimentan malestar emocional (indicadas) o las de los que ya experimentan problemas de salud mental (diagnosticados).

4.4.1. Medidas de evaluación psicosocial que puede aplicar la empresa

La evaluación psicosocial es exigible a todas las empresas, cualquiera que sea su actividad, ya que uno de los principios preventivos recogidos en el art. 15 n.º 1 d) y g) de la Ley de Prevención de Riesgos Laborales es:

78. Véase el *Informe mundial sobre salud mental: transformar la salud mental para todos. Panorama general* [*World mental health report: transforming mental health for all. Executive summary*], emitido en Ginebra por la OMS en 2022. Se puede consultar en: ttps://www.who.int/es/publications/i/item/9789240050860
79. Disponible en: https://www.who.int/es/news-room/fact-sheets/detail/mental-health-at-work

NOTAS

«Adaptar el trabajo a la persona, en particular en lo que respecta a la concepción de los puestos, así como a la elección de los equipos de trabajo y de producción, con miras en particular a atenuar el trabajo monótono y repetitivo y a reducir los efectos del mismo en la salud» y «planificar la prevención buscando un conjunto coherente que integre en ella la técnica, la organización del trabajo, las condiciones del trabajo, las relaciones sociales, y la influencia de los factores ambientales en el trabajo».

1 Adaptación del trabajo a la persona

Respecto al primer punto señalado, la adaptación del trabajo a la persona, el Instituto Nacional de la Seguridad Social (INSS), de cara a mejorar la intervención de los Equipos de Valoración de Incapacidades (EVI), desarrolló en España, en colaboración con el Consejo General de Colegios Oficiales de Psicólogos (COP), el *Manual de Evaluación de Requerimientos para la valoración de la Capacidad Laboral (MERCAL-2008).*[80] Este protocolo evaluaba la capacidad laboral teniendo en cuenta los aspectos psicológicos fundamentales en el trabajo, aquellas medidas cognitivas implicadas (atención, percepción, razonamiento, toma de decisiones, carga mental, etc.), habilidades emocionales y sociales (control emocional y relaciones psicosociales) y las físico-sensoriales (capacidad visual, auditiva, etc.).

En el MERCAL-2008, la «ecuación de carga» del puesto de trabajo (Wisner, 1988), divide los esfuerzos asociados

80. Disponible en: http://www.cop.es/delegaci/andocci/files/noticias/1817/protocolo%20manual%20requerimientos%20valoracion%20capacidad%20laboral%2030-12-08.pdf

a cada profesión o puesto en físicos, mentales y emocionales, relacionados respectivamente con objetos, datos y personas. Estos, a su vez, se integran en dos dimensiones trasversales, riesgos y horarios, que a su vez tienen entidad propia.[81]

NOTAS

Esta taxonomía, además de ayudarnos a determinar el perfil necesario para un puesto de trabajo con el objetivo de seleccionar a las personas idóneas para el mismo, nos permite planificar las necesidades de formación de cada individuo dentro de los planes de proyección profesional, entendiendo por formación no solo como los conocimientos relacionados con el puesto de trabajo, sino también aquellos conocimientos relacionados con las habilidades no planteadas en el currículo formal, que permitirán ejercer las labores con la mayor satisfacción posible y minimizando el impacto del estrés y otros riesgos psicosociales. La productividad de un empleado está directamente relacionada con este aspecto, ya que la salud psíquica, y subsidiariamente la física (síntomas psicosomáticos), van a depender en gran medida de estos «factores internos».

Así, los cursos de formación para los trabajadores deberían ir enfocados no solo a la adquisición de conocimientos y competencias, sino también a las habilidades psicológicas y sociales. Esta es quizás una de las asignaturas pendientes en nuestro país, esto es, la falta de visión estratégica respecto a cómo los talleres y actividades relacionadas con la gestión de emociones, comunicación asertiva, manejo constructivo de la crítica, automotivación, afrontamiento de estrés, etc. acaban repercutiendo en la salud, motivación, rendimiento de los trabajadores y disminución del absentismo.

81. García Herrera, M. (2014). Las guías de valoración de los requerimientos laborales en la Incapacidad Laboral: la Guía de Valoración Profesional del INSS, el mercal y la Guía Mejorada del Instituto de Biomecánica de Valencia. *Medicina y Seguridad del Trabajo, 60* pp. 80-91.

2 Cumplimiento de las evaluaciones periódicas de los trabajadores

Respecto al siguiente nivel de intervención en la salud laboral, el cumplimiento de las evaluaciones periódicas de los trabajadores permite detectar precozmente las repercusiones que las condiciones laborales anómalas tienen sobre la salud del trabajador. Esto ayuda a identificar a aquellas personas especialmente sensibles a ciertos riesgos o cuya situación personal, familiar o social en ese momento les puedan hacer especialmente vulnerables, y la adaptación de las condiciones y características del trabajo al individuo o al momento por el que está pasando.

La evaluación de los riesgos psicosociales es una parte integral de la salud laboral, y está exigida por su propia Ley 31/1995 de Prevención de Riesgos Laborales. Existen métodos generales para utilizar en esta detección o *screening*, como pueden ser:

- La FPSICO, escala de valoración de riesgos psicosociales del INSS.
- El CoPsoQ-istas21, cuestionario de evaluación de riesgos psicosociales del Instituto Navarro de Salud Laboral, que es una adaptación del cuestionario psicosocial de Copenhague.

NOTAS

(continuación...)

- El DECORE de TEA Ediciones,[82] que evalúa ciertos riesgos psicosociales que numerosos estudios han relacionado con la presencia de mayores niveles de estrés y de enfermedad (control, apoyo organizacional, recompensas y demandas).
- Otros métodos cualitativos son el Método AIP (Centro Nacional de Condiciones de Trabajo de Barcelona-INSHT) y el *Manual para evaluación de riesgos psicosociales en PYMES* (INSHT e Instituto de Biomecánica de Valencia).

Es importante señalar que, además, la presencia de determinados indicadores de alarma en una empresa, sean estructurales o puntuales, puede condicionar el nivel de exigencia (básico o avanzado) requerido por la Inspección de Trabajo a la hora de evaluar de riesgos psicosociales.

Aparte de los exámenes de salud laboral periódicos, también hay diversos momentos y motivos que justificarían una evaluación extraordinaria de los trabajadores, como:

- Cuando son sometidos a cambios de tareas o a puestos con nuevos riesgos.
- También después de una ausencia prolongada por motivos de salud.

82. Puede consultarse en: https://web.teaediciones.com/DECORE--CUESTIONARIO-DE-EVALUACION-DE-RIESGOS-PSICOSOCIALES.aspx

NOTAS

(continuación...)

- Por último, debería realizarse a los trabajadores especialmente vulnerables o que estén pasando por circunstancias personales estresantes o especialmente complejas.

La *Guía de Actuación Inspectora en factores Psicosociales* del Ministerio de Trabajo y Asuntos sociales señala que:

> «Ante la presencia de diferentes hechos o factores (indicadores laborales o médicos), se justifica que el inspector de trabajo requiera que el cumplimiento de la valoración de riesgo pase de un nivel de exigencia básico a un nivel avanzado».

3 Indicadores de riesgo en la inspección

Entre los ítems señalados como indicadores están los siguientes aunque, como señala la misma guía, no es una lista exhaustiva ni excluyente, sino simplemente orientativa, por lo que esta exigencia puede provenir de otros indicadores que detecte la inspección:

Indicadores laborales:

- Tipo de actividad y puesto de trabajo.
- Disminución de la productividad (cantidad, calidad, o ambas).

NOTAS

(continuación...)

- Elevado índice de absentismo.
- Incumplimientos horarios.
- Problemas disciplinarios.
- Aumento de peticiones de cambio de puesto de trabajo.
- Falta de cooperación (aislamiento, comunicación deficiente o agresiva).
- Trabajo a turnos o trabajos nocturnos.

Indicadores médicos:

- Puesto que las consecuencias para la salud de la persona trabajadora pueden ser muy diversas y numerosas, no cabe hacer un listado de enfermedades relacionadas automáticamente con el riesgo psicosocial.
- Las enfermedades podrán ser de carácter físico o psíquico, en cualquiera de sus manifestaciones, pudiendo abarcar síntomas tales como dolores de espalda, mala digestión, dolores de cabeza, nerviosismo, alteraciones del carácter, insomnio, agresividad, pérdida de la memoria, etc.
- El incremento o reiteración de enfermedades, bien en un mismo sujeto o en un mismo entorno (equipo de trabajo, departamento o centro de trabajo) ha de constituir una señal de alarma, un indicador de que es preciso efectuar una evaluación psicosocial de nivel avanzado.[83]

83. *Guía de Actuación Inspectora en factores Psicosociales del Ministerio de Trabajo y Asuntos sociales.*

Es evidente que, para discriminar con rapidez la presencia de alguno de estos indicadores, son imprescindibles, además de la existencia de canales de comunicación fluidos, las intervenciones de *screening* o cribado, que van a servir (al igual que los exámenes médicos anuales) para detectar a aquellas personas que presentan síntomas físicos o psicológicos.

Es verdad que los reconocimientos médicos, con carácter general, son voluntarios, pero hay algunas excepciones como «cuando sea imprescindible para evaluar los efectos de las condiciones de trabajo sobre la salud de los trabajadores o para verificar si el estado de salud de los trabajadores puede constituir un peligro para él mismo, para los demás trabajadores o para otras personas relacionadas con la empresa».[84] Para utilizar este recurso como mecanismo de control en aquellos puestos donde la estabilidad psíquica pueda repercutir en el trabajo, o bien por la peligrosidad del trabajo o por la responsabilidad laboral que tenga, es conveniente que, previamente, se haya contemplado expresamente así en el contrato y que se haya justificado debidamente en el documento que evalúa los riesgos de los puestos de trabajo.

Cuando se detecten signos o síntomas en un trabajador durante los controles de salud laboral (o en cualquier otro cribado o comunicación a RR.HH.), debe comenzar el **proceso de evaluación clínica**, ya que muchos de estos síntomas son, en un primer momento, inespecíficos.

En la fase de diagnóstico precoz, idealmente, deberían coordinarse tanto el departamento de salud laboral como los profesionales de atención primaria, responsables de la valoración y de diagnóstico, pues determinan la necesidad de prescribir el tratamiento farmacológico y se ocupan de deri-

84. Galán, C. J. (2006). *Derecho laboral para no expertos*. FC Editorial.

var al paciente a la atención especializada, si así lo consideran necesario para realizarle pruebas diagnósticas, instaurar un tratamiento eficaz e impedir la evolución del trastorno. Esta actuación puede evitar el empeoramiento del trabajador y con ello la IT.

NOTAS

4.4.2. Medidas preventivas generales en riesgos psicosociales

Entre las medidas preventivas generales que se pueden aplicar a los riesgos psicosociales, cabe destacar:

- Concienciar al trabajador de la importancia de los hábitos saludables en materia de alimentación, sueño, deporte y ocio.
- Facilitar las condiciones para el cumplimiento, horarios de comida, control de los menús en los comedores de empresas, descansos lógicos después de turnos especialmente duros, etc.
- Realizar una correcta formación en materia de prevención de riesgos laborales.
- Evaluación de los riesgos psicosociales en cada puesto, departamento o empresa.
- Adecuación de carga de trabajo y ritmo del mismo a los trabajadores y a sus diferentes momentos situacionales.
- Creación de canales de comunicación y fomento del uso de los mismos.
- Flexibilizar los horarios y el teletrabajo en la medida que esto sea posible, en función de las situaciones personales.

(continuación...)

- Optimizar las habilidades de los trabajadores, aumentar su creatividad y dar salida a la puesta en práctica de las mismas.
- Facilitar la cohesión del grupo mediante actividades laborales y de ocio.
- Determinar las motivaciones más adecuadas para cada persona y plantear la política de incentivos.
- Fomentar la adhesión a los controles periódicos de salud.

4.4.3. Detección precoz de síntomas. Intervenciones adecuadas

Es fundamental identificar los primeros síntomas de estrés, ansiedad o depresión o de cualquier otra patología psicológica (por supuesto esto es aplicable también a los problemas físicos). Plantear un **tratamiento precoz y adecuado** ayudará a que el impacto sobre la salud del trabajador sea mínimo, conservando en gran medida el rendimiento, contribuyendo a disminuir la siniestralidad laboral y el número y duración de las IT por problemas psicológicos.

Analizando las dinámicas actuales observamos cómo sería necesario erradicar también los estereotipos y estigmas relacionados con la salud mental en toda la sociedad. De este modo se lograría un correcto funcionamiento de este sistema, en el que el objetivo de todos es la salud bio-psico-social de los trabajadores y, por ende, la repercusión de ese beneficio en la empresa y en la sociedad.

NOTAS

Muchas de las personas que comienzan a tener síntomas (generalmente nerviosismo, insomnio, problemas gastrointestinales o cefaleas) acuden a su médico de cabecera. Otros esperan a que se pasen los síntomas por sí solos ante la dificultad de encontrar tiempo para solicitar una cita o la resistencia a pedírselo a la empresa. Bastantes recurren a la automedicación, enmascarando muchas veces los síntomas sin abordar el problema de base. Las dilaciones y la automedicación, cuando los síntomas son intermitentes, contribuyen a demorar que se pida ayuda profesional. En general, solo cuando las personas sienten que son incapaces de mejorar, y que esos síntomas están empezando a afectar a todas las áreas de su vida, es cuando piden ayuda médica o psicológica.

Aquí también subyace el hecho de que vivimos en una cultura en la que solicitar tratamiento por motivos psicológicos se interpreta, por parte de la persona que sufre los problemas, como un fracaso personal y por ello se intenta negar y ocultar, tanto ante uno mismo como los demás. Debe trabajarse desde la educación social la concienciación de que todos, antes o después, podemos desarrollar un trastorno psicológico o una enfermedad mental como efecto secundario a los diferentes hitos vitales. Mientras esto no se erradique, existirá una dificultad añadida en reconocer y aceptar los síntomas, y su padecimiento repercutirá en el autoconcepto, autoestima, autoimagen e imagen social de quienes sufren patologías psíquicas, teniendo como resultado la negación de las mismas, su ocultación y, por ende, su cronificación y peor pronóstico.

También es importante explicar que los síntomas, en general, suelen ser inespecíficos y deber ir seguidos de un proceso de diagnóstico con su correspondiente diagnóstico diferencial, dado que su origen puede ser tanto **físico como orgánico**. E incluso, si el origen es psicosomático o reactivo al estrés (como por ejemplo, un brote de una enfer-

medad autoinmune o una úlcera digestiva) esos síntomas o patologías deben ser tratados médicamente más allá de que se deba abordar la causa que los ha desencadenado.

Tras la detección precoz, se debe proceder al **diagnóstico diferencial**. En cualquier diagnostico psiquiátrico o psicológico es prescriptivo descartar primero que la causa sea orgánica, para lo que solicitarán diferentes pruebas, entre las que suelen estar incluidas analíticas, pruebas de imagen o cualquier otra que el facultativo considere pertinente. Se debe explorar el proceso y la fecha de aparición, siendo una ayuda fundamental comparar los resultados de las pruebas con el informe de pruebas anteriores que consten en la historia clínica del sujeto.

Tras esto, se realiza el diagnóstico diferencial, se le pone nombre a la patología (etiqueta diagnóstica según DSM-V o CIE-11) y, si se ha determinado que la causa (o una de las concausas) es el estrés, se debe medir este estrés mediante técnicas cualitativas y cuantitativas. Actualmente existen biomarcadores del estrés independiente del riesgo psicosocial que lo haya causado, como el nivel de cortisol en saliva. Igualmente, existen pruebas psicométricas que evalúan la gravedad y las posibles causas del mismo.

El principal instrumento cualitativo es la **entrevista clínico-laboral** al trabajador:

NOTAS

- En la anamnesis se deben preguntar los **antecedentes** clínicos, tanto familiares como personales.
- Es fundamental también realizar una **exploración** general para documentar la presencia de otros síntomas además del que provoca «el motivo de consulta». Esta exploración específica neuropsiquiátrica debe ser completa, en la que se haga constar una descripción general (aspecto, conducta, lenguaje, actitud), humor-afectividad, percepción, aspectos sensoriales y de cognición (contenido, conciencia, orientación, memoria, concentración y atención).
- Tras ello, se procedería a explorar los **síntomas** que son motivo de la demanda asistencial: tipo, frecuencia, nivel de intensidad, fecha de aparición, percepción de que limitan la actividad laboral, nivel de afectación en otras áreas de la vida diaria, etc., y preguntar también por la atribución causal que la persona hace, circunstancias, factores o personas que el trabajador piensa que han podido influir en la aparición de los síntomas, etc.
- Posteriormente, se debe explorar su **trayectoria laboral**: tipos y descripción de trabajos previos, duración de los mismos, motivos de cambio y finalización.
- Sería necesario poder **valorar** los datos de evaluación de riesgos del puesto concreto (horarios, existencia de turnicidad, complejidad de la tarea, responsabilidad, contacto con el público, toma decisiones, exigencias) y comprobar que la ficha se corresponde con el trabajo realizado.

Para la valoración cuantitativa se utilizarán las diferentes **pruebas psicodiagnósticas psicométricas** que existen, determinando cuales son las más adecuadas en función de la información que se ha obtenido durante la entrevista.

Tras el establecimiento del diagnóstico y la prescripción del tratamiento psicofarmacológico, si se considerara pertinente, se procederá a **derivar al paciente al profesional** pertinente, siendo los más adecuados para estos casos los psicólogos y los psiquiatras.

Un escollo que dificulta una rápida derivación de los pacientes es la dificultad para acceder a profesionales de la salud mental en el ámbito público. Si nos atenemos a las estadísticas, en el año 2022 solo había 2 800 profesionales de la psicología en la Seguridad Social, según datos de ANPIR.[85] Estamos hablando de un ratio de 6 psicólogos para cada 100 000 habitantes frente a 19,6 psicólogos por cada 100 000 habitantes, en el resto de Europa (datos de la OMS).

Frente a esta carencia estructural de recursos humanos sanitarios, tenemos una serie de datos preocupantes. Según Fundamed (2022),[86] casi 3 000 000 de personas tienen un diagnóstico de depresión en España, lo que la convierte en la enfermedad mental **más prevalente en nuestro país**. La pandemia de COVID-19 y las sucesivas crisis económicas sufridas en nuestro país, provocaron que los ya saturados dispositivos asistenciales se desbordaran totalmente. La realidad es que la presencia de psicólogos en el Sistema nacional de Salud es muy escasa en el área de la atención especializada y prácticamente inexistente a nivel de atención primaria. Y esto, a pesar de que ciertas sociedades médicas de atención primaria estiman que has-

85. Sociedad Española de Psicología Clínica (N. del E.).
86. Véase: https://www.fundacionfundamed.org/GT-Informe-Depresion-suicidio-urgencias-2021.aspx

ta el 66 % de las consultas en atención primaria tienen un componente principalmente psicológico.

NOTAS

Ya hemos visto como muchas veces el motivo de consulta médica consiste en alegar síntomas físicos inespecíficos, como dolores y problemas dermatológicos o gastrointestinales, u otros trastornos de sueño. Pero, al no poder realizar una exploración exhaustiva en los escasos minutos que tiene el médico de atención primaria, cabe la posibilidad de considerar que síntomas de ese estilo están incorrectamente diagnosticados o su causa, no aclarada. Respecto a los que sí tienen un diagnóstico de trastorno psicológico, el tiempo empleado hasta la derivación del paciente puede alcanzar más de seis meses y, cuando se consigue, la distancia temporal entre sesión y sesión, en ocasiones, supera el mes y medio. Con este panorama, no es extraño que un amplio grupo de afectados estén infratratados o su abordaje terapéutico se realice exclusivamente con psicofármacos, contribuyendo así al enmascaramiento de los síntomas y cronificación del cuadro.

Según el informe del Grupo de Política de Salud Mental de la Escuela de Economía de Londres,[87] la terapia psicológica debería ser la terapia de elección, siendo la terapia farmacológica un coadyuvante en los casos de depresión, ansiedad o ambos, sobre todo en aquellos que se detectan de forma precoz, dado que a largo plazo muestra efectos más duraderos y es más eficaz que el tratamiento farmacológico.

Respecto al acceso a la información médica de carácter personal, según el art.22 de la Ley de Riesgos Laborales:

87. *The Centre for Economic Performance's Mental Health Policy Group, London School of Economics*. Puede consultarse en: http://www.infocoponline.es/pdf/depression1.pdf

NOTAS

> «Se limitará al personal médico y a las autoridades sanitarias que lleven a cabo la vigilancia de la salud de los trabajadores, sin que pueda facilitarse al empresario o a otras personas sin consentimiento expreso del trabajador. No obstante lo anterior, el empresario y las personas u órganos con responsabilidades en materia de prevención serán informados de las conclusiones que se deriven de los reconocimientos efectuados en relación con la aptitud del trabajador para el desempeño del puesto de trabajo o con la necesidad de introducir o mejorar las medidas de protección y prevención, a fin de que puedan desarrollar correctamente sus funciones en materia preventiva».

Una de las preocupaciones de los empresarios ante las IT por motivos psicológicos es qué pueden hacer para que disminuya su duración, una vez que el trastorno está presente. Una iniciativa que contribuiría notablemente a la detección precoz sería trabajar la **responsabilización** sobre la salud y un correcto **conocimiento** de estos síntomas por parte de trabajadores, con el fin de que ellos mismos den la voz de alarma sobre estos cuadros e iniciar la intervención psicológica, que en estos momentos iniciales puede ser generalmente breve y de buen pronóstico por atajarse a tiempo.

También podría disminuir drásticamente el número de bajas psicológicas responsabilizando a los trabajadores en sus propios **autochequeos** y tener un canal de consulta sanitaria rápido y ágil donde plantear las medidas precoces a tomar, o facilitar el acceso a terapias y profesionales adecuados de los primeros síntomas y la comunicación eficaz entre estos y la empresa. En muchas ocasiones no es necesario que se produzcan estas bajas laborales, siendo

NOTAS

suficiente con invertir algunos días en rebajar los síntomas incapacitantes o llevar a cabo una reducción parcial de jornada durante el tiempo de intervención. De hecho, desde la psicología, en la mayoría de los casos de depresión y ansiedad, se postula que una baja prolongada puede contribuir a cronificar el cuadro.

Como se ha dicho anteriormente, desde la teoría se plantea que las bajas de largas duración, en la mayoría de estos casos, podrían ser contraproducentes. Pero también es verdad que si el origen de la situación está en las condiciones laborales, o en determinados factores dependientes del puesto de trabajo, y estos no se modifican, realizar un tratamiento incidiendo solamente en el individuo puede generar una sucesión de bajas de corta duración o una baja prolongada. Para ello es importante determinar la causa del trastorno: si se basa en factores relacionados con el ambiente laboral, el puesto de trabajo o en el resto de áreas que componen la vida de una persona.

A la hora de plantear una situación de IT,[88] la valoración de la capacidad laboral viene dada por la respuesta a las siguientes cuestiones:

- ¿El diagnóstico realizado se ajusta a criterios profesionales?
- ¿Existe una repercusión funcional que impida la realización de su trabajo?
- ¿La emisión de una IT va a servir para la mejoría del enfermo?

88. *Guía de valoración de Incapacidad temporal para Médicos de atención Primaria* del Instituto Nacional de la Seguridad Social. El documento puede descargarse en:
https://amat.es/wp-content/uploads/2021/03/guia-de-valoracion-de-incapacidad-temporal-para-medicos-de-atencion-primaria.pdf

NOTAS

(continuación...)

- ¿La terapia pautada limita las actividades del enfermo de forma significativa?
- ¿El pronóstico y la naturaleza de la patología indica previsiblemente que las limitaciones sean progresivas o definitivas?

Es decir, es preciso valorar si la persona es capaz de realizar su trabajo (considerando la carga física, psíquica o las labores), con el horario y ritmo que implica su jornada laboral y en el entorno en el que debe desarrollarlo y si su trabajo va a permitir que se pueda hacer correctamente el tratamiento que se ha pautado.

Actualmente, en muchos casos, el mayor escollo es la inexistencia de políticas de conciliación entre el tratamiento psicológico, generalmente privado, y el trabajo. Existe una gran dificultad para acudir a terapia o a actividades rehabilitadoras (a excepción de la fisioterapia) durante el horario de trabajo. Sería adecuado que se contemplaran horas libres para asistencia a terapias, reducciones de jornadas por enfermedad, eliminar temporalmente la turnicidad, disminuir la presión laboral, permitir introducir descansos frecuentes si el tratamiento o la patología afectan a atención y concentración, disminuir objetivos o alejar temporalmente al paciente del trato con el público (si es un factor ansiógeno), el cambio temporal de puesto de trabajo o las reincorporaciones progresivas tras la IT.

La **comunicación entre los profesionales** al cargo de tratamiento, sean estos públicos o privados, y los profesionales de Recursos Humanos también debería ser **fluida y fácil**. La introducción de esta posibilidad repercutiría

NOTAS

tremendamente en la reducción de costes para empresas, mutuas y Seguridad Social, reduciéndose la cantidad y el tiempo de las bajas laborales, optimizando además la salud de los trabajadores.

Son estos puntos los que pueden modificarse desde la empresa, pero para ello debe establecerse de antemano la forma de realizar la comunicación y quiénes son las personas adecuadas dentro del entorno laboral (médicos de empresa, aseguradoras, terapeutas privados, personal de recursos humanos, etc.), así como definir el tratamiento de los datos que se manejan.

Actualmente se lanza al vacío a los pacientes en una situación de todo o nada (es decir, o una IT o una reincorporación a pleno rendimiento), provocando las consiguientes recaídas que adicionalmente empeoran el pronóstico, pues introducen en el trabajador sentimientos de fracaso y desconfianza hacia la terapia, siendo la otra opción, para los facultativos de Atención Primaria, prolongar innecesariamente las bajas con el objetivo de evitar estas recaídas, constituyendo esto un perjuicio para la empresa que podría evitarse o minimizarse.

A pesar de que se tomen todas estas medidas, podemos encontrarnos ante personas o patologías cuyo pronóstico es de tratamientos de **larga o muy larga duración**. Para el manejo de estas situaciones, el NICE[89] desarrolló una *Guía de Salud Pública para profesionales de la salud Laboral y de Atención Primaria*, enfocada a manejar de forma adecuada y correcta las bajas prologadas. El *Management of long-term sickness and incapacity for work*, por otro lado, parte de un planteamiento de base que defiende la necesidad de realizar intervenciones multidisciplinarias

89. Puede consultarse:
http://www.nice.org.uk/guidance/index.jsp?action=byID&o=11674

NOTAS

integrales y trabajar con el sujeto enfermo desde planes de tratamiento personalizados, entre los que se incluye, si fuera necesario, la adaptación del puesto de trabajo para evitar empeoramiento. Si el paciente se encuentra en una fase inicial, se podrían modificar alguno de los factores ya señalados en párrafos anteriores. Otra opción sería facilitar un cambio de puesto, valorándolo previamente con el trabajador y el especialista encargado de su seguimiento.

Es verdad que, para las empresas, estos requerimientos son situaciones complejas, que dependerán en gran parte de factores organizacionales, resultando fundamental la coordinación de todos los recursos asistenciales. Si estas adaptaciones no fuesen posibles o el sujeto se encontrara en situación de no poder trabajar, es cuando debería valorarse la IT.

4.4.4. Denuncias por acoso laboral y la dificultad de abordaje: testimonios, cuadros inhabituales, simulaciones, sobresimulaciones y otras casuísticas

Es evidente que no es lo mismo un riesgo psicosocial como el estrés que una activación del protocolo por acoso laboral. Cuando nos encontramos ante una denuncia por acoso es fundamental intentar llegar a la verdad objetiva, y para ello, debe ser exhaustiva la investigación interna que trate de aclarar lo que ha ocurrido. En algunos casos habrá pruebas o indicios que se puedan recabar. En otros, si estas «huellas indiciarias» no se han conservado, nos encontraremos ante testimonios contradictorios entre la víctima y el perpetrador o perpetradores.

A diferencia de otros delitos, en el *mobbing* es difícil que los testigos quieran aportar su testimonio, dado que tam-

NOTAS

bién trabajan en el mismo entorno y pueden tener miedo a que les pueda repercutir a nivel laboral. Por este motivo es posible que podamos encontrarnos alegaciones por parte de los trabajadores, reales o no, que afirmen que no se recuerda cómo fue la situación. En los casos en los que solo tenemos las versiones contradictorias de los implicados es donde entran las aportaciones de la psicología de la memoria y del testimonio.

Los primeros conceptos que hay que diferenciar son los de **verosimilitud y credibilidad**.

- Que algo sea verosímil no significa que sea verdad.
- Por otro lado, la **credibilidad** podemos definirla como «la valoración subjetiva de la exactitud estimada de las declaraciones de un testigo» (Manzanero y Diges, 1993).[90] Esta valoración se basa en inferencias que valoran la influencia de factores, como las circunstancias en las que ocurre el hecho, las características del mismo, las características del testigo, nuestros conocimientos y creencias preconcebidas y los hallazgos congruentes entre lo que se ha declarado y ñas declaraciones de terceros u otras pruebas o indicios (Manzanero, 2010).[91]

---

90. Manzanero, A. L., y Diges, M. (1993). Evaluación subjetiva de la exactitud de las declaraciones de los testigos: la credibilidad. *Anuario de Psicología Jurídica* vol. 3., núm. 1, pp. 7-28.
91. Manzanero, A. L. (2010). Hitos de la historia de la psicología del testimonio en la escena internacional. *Boletín de Psicología*, n.º. 100, pp. 89-104.

NOTAS

(continuación...)

- Respecto a la **exactitud**, hay que puntualizar que una persona miente cuando deliberadamente aporta una información de la que sabe conscientemente que no se ajusta a la «realidad» de los hechos.

Pero también existen otras causas que conducen a una falta de exactitud y no por ello son propiamente mentiras: una persona puede decir que no oyó ningún grito dos despachos más allá y no ser consciente de que no lo oyó porque estaba pasando el tren de cercanías, porque había ruido ambiental o porque no recuerda que ese día tuvo una videollamada y estuvo veinte minutos con los auriculares puestos. En todos estos casos el sujeto no estaría mintiendo, pues habría factores del suceso que le impedirían haberlo percibido. Igualmente existen problemas de exactitud relacionadas con la distorsión de la memoria.

En cualquier relato de hechos pasados podemos encontrar **errores de omisión** (olvidos u omisiones conscientes) y **errores de comisión**, bien sean conscientes (mentiras) o bien en forma de falsas memorias (la persona cree que vivió lo que relata pero es un recuerdo creado por sugestión o elaboración del recuerdo).

La única manera de evaluarlos es:

«Analizar cuidadosamente la historia del nacimiento de la declaración (el contexto de revelación), la evolución de las declaraciones a lo largo del tiempo y el análisis de los factores de influencia sobre la exactitud de la declaración.» (Manzanero y González, 2015).[92]

El equipo de Peace (2008),[93] tras comparar memorias reales sobre agresiones sexuales, traumas y hechos no traumáticos, encontró que las primeras eran más vívidas, detalladas y sensoriales que las segundas. Así pues, los acontecimientos traumáticos se recordarían mejor, serían más consistentes con el paso del tiempo y se podrían caracterizar por una memoria clara y exacta para los detalles centrales del suceso, aunque con poca exactitud para los detalles irrelevantes.

Recuerdos sobre hechos con una valencia negativa y alto impacto emocional.

Pero esto es válido para traumas de elevada intensidad y que suceden en una única ocasión. Estos hechos se convierten en hitos biográficos que van a formar parte de nuestra memoria episódica.

92. Manzanero, A. L., y González, J. L. (2015). Modelo holístico de evaluación de la prueba testifical (HELPT). *Papeles del psicólogo*, *36* (2), pp. 125-138.
93. Peace, K. A. *et al.* (2008). Are memories for sexually traumatic events 'specials'? A within-subjects investigation of trauma and memory in a clinical sample. *Memory*, *16* (1), pp. 10-21.

El acoso laboral se parece al símil de la tortura de la gota china, compuesto muchas veces por microtraumas reiterados que se repiten en el tiempo, que se parecen unos a otros, de valencia negativa pero de poco impacto emocional y con poca distintividad entre ellos. En el trasfondo del acoso, al igual que en la violencia de género o en los abusos sexuales infantiles, estamos hablando de pequeños hechos, generalmente de baja intensidad, pero continuados y repetitivos, por lo que muchos de ellos acabaran formando parte de la memoria semántica, no de la episódica. La memoria episódica codifica y almacena información acerca de las experiencias personales y sus relaciones espacio-temporales, mientras que la memoria semántica guarda información acerca de hechos o conocimientos generales del mundo. Así, un hecho cotidiano como cenar, solo pasará a formar parte de la memoria episódica si tiene elementos distintivos o hechos diferenciales.

Estos conceptos y su repercusión en la memoria y, por ende, en la recuperación de la misma, se comprenden mejor con ejemplos:

NOTAS

Es posible que cualquiera de nosotros pueda recordar qué cenamos el día de nuestra boda, pero sin embargo, es casi materialmente imposible que recordemos que cenamos hace veintitrés días exactos, a no ser que vengan en nuestro auxilio hechos distintivos con los que relacionarlos. Haga la prueba e intente recordar que cenaron todos los días a lo largo de los diez días anteriores. Y ahora imagine que tiene que recordar momentos sucedidos hace meses, e incluso años, y que son muy similares unos con otros. Los recuerdos pueden estar mezclados entre sí, ser muy vagos en detalles periféricos, sujetos a errores temporales y con apenas capacidad para ubicarlos cronológicamente con exactitud si no es con la ayuda de apoyos como correos alusivos, o similares, que nos ayuden a fecharlos. El recuerdo elicitado será más aproximado a cómo son las conductas de ataque sufridas en general que a los episodios concretos. De todas las conductas que refiere el testigo, solo aquellos con distintividad (hecho único o vinculado a otro hecho que la tenga) quedaran grabados con características de memoria episódica.

Adicionalmente, hay otros factores que van a interferir en la huella mnésica. Uno de los más importantes es el **impacto del propio estrés**. Así lo indican todos aquellos estudios que advierten de su influencia en la memoria.[94]

Por todo ello, en el testimonio de una víctima de acoso en el trabajo, deben tenerse en cuenta no solo los factores del individuo, sino también aquellos detalles de los suce-

94. Ruíz Vargas, J. M. (2005). Estrés, atención y memoria. *Las claves del MOBBING* (coord. por José Luis González de Rivera y Revuelta), págs. 35-66.

sos que se narraron, pues dado que una narración puede ser vaga, pueden aparecer detalles periféricos que no se correspondan con la realidad y que, sin embargo, denoten unos hechos ciertos. Ante esto, puede ser indicado recurrir a **peritos** expertos en psicología del testimonio. No se trata de realizar una valoración de credibilidad, dado que no puede realizarse la técnica CBCA-SVA en casos que no se refieran a abuso sexual infantil, y además solo si se cumplen determinadas premisas, sino que estamos hablando de un análisis de validez del testimonio y una valoración de coherencia y verosimilitud desde lo conocido sobre el recuerdo, el funcionamiento de la memoria y la victimología, siendo la determinación de veracidad una potestad exclusiva del juzgador.

También, respecto a otras creencias comunes que los operadores jurídicos relacionan con la credibilidad, en relación a los **indicadores conductuales no verbales** hay que advertir que:

- «Que no existe ningún indicador conductual, no verbal, que en y por sí mismo (o en una combinación prefijada con otros), del que podamos inferir con mínimas garantías que alguien está mintiendo o diciendo la verdad».[95]

95. Alonso, M. C. (2019). Bases psico-jurídicas para confeccionar medidas y protocolos de actuación respecto al tratamiento de víctimas especialmente vulnerables. En *Protocolos de actuación con víctimas especialmente vulnerables: una guía de buenas prácticas*, pp. 23-40. Aranzadi Thomson Reuters.

NOTAS

(continuación...)

- Esos indicadores pueden estar causados por diferentes causas: la propia forma de comunicarse de la persona, por la sintomatología de la víctima secundaria a los hechos vividos, al miedo a no ser creída, al hecho de que en la sala se encuentren personas relevantes de su entorno laboral, etc., pudiéndonos llevar al «error de Otelo» al realizar una incorrecta atribución de la causa del estado de la persona.
- «Los correlatos fisiológicos o comportamentales asociados con la mentira pueden, de hecho, formar parte del repertorio normal y sistemático de las conductas de diversas personas («riesgo de Brokaw», según Ekman, 1992), incluso de todas las personas sinceras que sospechen que no van a ser creídas».[96]
- En 2019, Aldert Vrij (uno de los mayores expertos mundiales en credibilidad del testimonio) publicó un trabajo, junto a Hartwig y Granhag[97] en el que se desgrana y pone de manifiesto la poca efectividad de la detección de mentiras mediante el análisis del lenguaje no verbal, concluyendo que estas técnicas poseen una muy baja fiabilidad y validez.

96. Bembibre Serrano, J., y Higueras Cortés, L. (2010). A vueltas con el error de Otelo: aplicación del modelo de control de fuentes a la credibilidad del testimonio y su afectación por la carga emocional. *Psicothema, 22,* (1), pp. 125-140.
97. Vrij, A. *et al.* (2019). Reading lies: Nonverbal communication and deception. *Annual review of psychology, 70* (1), pp. 295-317.

NOTAS

(continuación...)

- El metaanálisis de De Paulo (2003)[98] acerca de la capacidad de las técnicas de detección de mentiras, concluyó que las técnicas que incluían el análisis del lenguaje no verbal presentaban una menor capacidad de detección que aquellas que no incluían el análisis del lenguaje no verbal. De hecho, la investigación más reciente, como el trabajo de Monaro[99] en 2022, mantiene la afirmación que los humanos, entrenados o no, no somos mejores que el azar a la hora de discernir entre la verdad o mentira mediante lo no verbal, por lo que se debe ser muy cauteloso al valorar este aspecto.

Otro de los términos que indefectiblemente sale a relucir en cualquier procedimiento judicial en los que se dirima la vulneración de principios fundamentales por parte de una empresa, es la **simulación de las consecuencias** reactivas al hecho de la sintomatología alegada. A veces es cierto, y en otras se utiliza para sembrar la duda sobre la credibilidad de unos hechos que generalmente se producen en la intimidad, como son el acoso y el acoso sexual.

98. DePaulo, B. *et al.* (2003). Cues to deception. *Psychological bulletin*, *129* (1), p. 74.
99. Monaro, M. *et al.* (2022). Detecting deception through facial expressions in a dataset of videotaped interviews: A comparison between human judges and machine learning models. *Computers in Human Behavior*, 127, article 107063.

NOTAS

«La invisibilidad y la ausencia de rastro de la gran mayoría de las estrategias de acoso dificultan, cuando no imposibilitan, aportar pruebas concluyentes que acrediten el padecimiento del mismo». (Villariño *et al.*, 2021).[100]

La simulación y credibilidad subjetiva no son lo mismo. Por un lado, porque el hecho de que la persona simule, o sobresimule, no tiene por qué llevar aparejado que los hechos no se hayan producido y, por otro, que el hecho de que el diagnóstico sea real tampoco implica que los hechos sean ciertos, dado que para ello hay que valorar el nexo causal. Por último, podemos encontrarnos situaciones de acoso que no hayan generado lesiones psíquicas, por la presencia de factores de protección y resiliencia en el trabajador.

La simulación es un diagnóstico clínico en sí, con sus propios criterios de diagnóstico y su diagnóstico diferencial. Y, como tal, debe ser establecida por profesionales sanitarios, concretamente por profesionales de la forensía, médicos y psicólogos forenses. El porqué tiene mucho que ver con el concepto, la metodología que se aplique y la utilización de pruebas específicas.

100. Vilariño, M. *et al.* (2020). La simulación del acoso laboral en el LIPT-60: implicaciones para la evaluación psicológica forense. *Anuario de Psicología Jurídica*, 30, pp. 83-91.

«Simular» es una actitud psíquica consciente y voluntaria, donde se representa plásticamente un determinado evento mórbido con la intencionalidad y finalidad utilitaria de engañar a un tercero. Por lo tanto, «simular» en psiquiatría forense es fingir el estado mental que no se posee en realidad, como artimaña para eludir medidas emanadas de la sociedad en lo laboral, civil y penal.[101]

Esto significa que la primera premisa para sospechar la existencia de una simulación es conocer en profundidad todos los posibles diagnósticos reactivos al hecho que se alega, con el fin de detectar síntomas inhabituales o síntomas que aparecen con una frecuencia, intensidad o gravedad que no se corresponden con lo descrito en poblaciones clínicas constatadas de ese diagnóstico concreto.

Lo primero que hay que explicar es que:

«La simulación o es una realidad dicotómica, de blanco y negro, debemos evaluar también la disimulación, la sobresimulación (exageración de síntomas existentes), la presimulación (simulación del cuadro para cometer un delito y utilizarlo como atenuante y/o eximente) la metasimulación (prolongación de síntomas ya desaparecidos) o la incorrecta atribución de unos síntomas existentes

101. Bruno, A. y Cabello, J. (2002). Simulación en Psiquiatría Forense. *Cuadernos de Medicina Forense*, año 1, n.º 2, pp. 81-93.

(continuación...)

causados por otro problema distinto no relacionado con el tema judicial que se esté tratando».[102]

NOTAS

En otros casos, aunque esto es más habitual en el derecho de familia o en el derecho civil que en la jurisdicción de derecho laboral, nos encontramos la disimulación o el intento de ocultar que se padece una enfermedad o un trastorno mental, generalmente relacionado con el hecho de ofrecer una imagen mejor de sí mismos de cara a procedimientos de guarda y custodia o para evitar medidas civiles como curatelas o internamientos involuntarios. En el entorno laboral, la motivación de esa «disimulación» suele estar en la necesidad de mantener el puesto de trabajo, en el miedo al despido, o en dificultades personales para aceptar nuestra vulnerabilidad.

Pero, además, existen otras realidades sobre las que debe realizarse el diagnóstico diferencial. Especialmente difícil es el diagnóstico diferencial entre la simulación y el antiguamente denominado **trastorno facticio**, también conocido como síndrome de Munchausen, que constituye un trastorno mental grave. Este diagnóstico diferencial se complica aún más cuando nos encontramos ante un caso en el que aparecen síntomas psicosomáticos. Podríamos estar ante un cuadro psicosomático real pero inhabitual, una simulación, un trastorno mental grave como el mencionado trastorno fáctico o ante enfermedades de origen exclusivamente orgánico, alguna de ellas potencialmente

102. Gutierrez-Salegui, A. (29 de enero de 2017). Informes médicos y psicológicos, forenses y de parte, ante la administración de Justicia. Hay derecho. https://www.hayderecho.com/2017/01/29/informes-medicos-y-psicologicos-forenses-y-de-parte-ante-la-administracion-de-justicia/

mortales (endocrinopatías, *miastenia gravis*, esclerosis múltiple, procesos degenerativos, lupus eritematoso sistémico y neoplasias ocultas). Este es el motivo por el cual siempre, antes de realizar un diagnóstico psicológico, debe descartarse un trastorno orgánico.

Una vez descartada la organicidad y tras establecer el diagnostico psicológico, los médicos y psicólogos forenses siempre hacen el diagnóstico diferencial de simulación, primero a través de los indicadores de sospecha (emociones incongruentes con el relato, actitud anómala o presencia de síntomas contradictorios, entre otros).

Los indicadores de simulación en los supuestos de *mobbing*, según la tabla de González de Rivera y López-García,[103] son:

- Existencia de un incentivo externo significativo (habitualmente económico).
- El cuadro psicopatológico expresado no encaja en la forma habitual de la alteración.
- La persona muestra su incapacidad para trabajar, pero mantiene su capacidad para el ocio.
- El pseudo acosado puede tratar de evitar una valoración especializada (a menos que sea esencial para obtener el beneficio que pretende).
- Se detectan disparidades significativas entre las distintas pruebas psicométricas administradas (tanto entre sí mismas como con la sintomatología aludida).
- El simulador puede parecer evasivo en el momento de la exploración o declinar su cooperación en procedimientos de diagnóstico o en tratamientos prescritos (incluyendo los psicoterapéuticos).

103. Morán, M. V. *et al.* (2019). Trastornos somatomorfos y facticios. *Medicine-Programa de Formación Médica Continuada Acreditado, 12* (84), pp. 4929-4937.

NOTAS

(continuación...)

- Se detectan rasgos de inmadurez e indicadores de escasa honradez, codicia y marcada actitud litigante.
- La tenacidad en la persecución de los fines ligados al proceso judicial contrasta con el estado incapacitante alegado.
- Presencia de cuadros experimentados (por ejemplo, metasimulación, sobresimulación) o conocidos, más o menos cercanos al interesado.
- El pseudo acosado suele hallarse molesto, intranquilo, malhumorado, susceptible, resentido o poco colaborador.
- Existen inconsistencias evidentes en la sintomatología presentada por el simulador.

La posible simulación también debe medirse a través de las escalas específicas de las pruebas psicodiagnósticas psicométricas. Cuando hacemos constar en un informe que la pruebas utilizadas tienen «validez forense», lo que se está indicando es que los test utilizados contienen escalas específicas para valorar los estilos de respuesta, tanto simulador o exagerador como minimizador o disimulador. Y también por eso, cuando en un contrainforme indicamos que las pruebas no tienen validez forense, es porque se han utilizado solamente pruebas clínicas, sin capacidad para detectar estilos de respuesta anómalos. En el ámbito clínico se suelen utilizar pruebas más simples que no tienen en cuenta el diagnóstico de simulación, fundamentalmente porque:

NOTAS

> El «profesional clínico, tanto de la sanidad pública como de la privada, ya estemos hablando de asistencia de urgencias, atención primaria u hospitalaria, no desconfía, ni tiene por qué hacerlo, de lo que le manifiesta la persona que acude. Es una relación de ayuda y el profesional establece una relación terapéutica cuyo único fin es curar o paliar los síntomas. Uno de los objetivos primordiales es el establecimiento del tratamiento adecuado para la dolencia que el paciente le refiere. En líneas generales, y a excepción de casos muy evidentes, el diagnóstico diferencial de la simulación no se contempla, así como tampoco se cuestiona la causa que la persona afectada señala como origen del síntoma».[104]

Esto no significa que estas pruebas no sean válidas. Pueden utilizarse para recabar información sobre la intensidad y gravedad del cuadro alegado, pero no aportan información sobre si los resultados reflejan un nivel de afectación superior al sufrido incluso en poblaciones clínicas, o si los síntomas que se refieren son inhabituales en poblaciones psiquiátricas genuinas. Para poder valorar estas estrategias habituales de simulación se requiere que las pruebas utilizadas tengan escalas específicas y baremos forenses.

Por eso, la metodología forense es diferente a la metodología clínica, y si bien los informes clínicos son necesarios y muy reveladores dentro de la evaluación psicológica forense, no son suficientes. De hecho, dadas todas estas dificultades

---

104. Gutierrez-Salegui, A. (29 de enero de 2017). Informes médicos y psicológicos, forenses y de parte, ante la administración de Justicia. Hay derecho. https://www.hayderecho.com/2017/01/29/informes-medicos-y-psicologicos-forenses-y-de-parte-ante-la-administracion-de-justicia/

NOTAS

y su compleja valoración forense, en el ámbito del acoso se han elaborado técnicas y protocolos específicos como el de Trijueque y Delgado (2011).[105]

Se recomienda comenzar el análisis de la validez de los síntomas o del cuadro clínico que la persona manifiesta, a través de una **aproximación multifactorial** para determinar la existencia de una situación de simulación, comenzando por determinar la gravedad del daño mediante pruebas estandarizadas y metodologías multimétodo-multifuente. A continuación, realizar el diagnóstico diferencial médico y psicológico de forma exhaustiva valorando todas las hipótesis explicativas posibles y utilizar, simultáneamente, pruebas neuropsicológicas e indicadores de validez específicos para determinar la presencia o ausencia de simulación de los síntomas.

Otra dificultad que debe ser subsanada a través de la correcta praxis metodológica es la posible presencia de comorbilidad y concausalidad.

> La comorbilidad es la presencia de dos patologías de forma coetánea.

Es evidente que sufrir otra patología mental no excluye la posibilidad de sufrir acoso, pero complica infinitamente la valoración del caso. Así, una persona que padezca una depresión previa, trastorno bipolar o cualquier otra patología, lo primero que ocurrirá es que se descompense su patología, apareciendo posteriormente una sintomatología especifica del acoso. Esto

105. González-Trijueque, D., y Delgado, S. (2011). Propuesta metodológica para la evaluación pericial de la víctima de mobbing. *Psicopatología Clínica, Legal y Forense, 11,* Recuperado de https://dialnet.unirioja.es/servlet/articulo?codigo=6383212.

NOTAS

va a provocar que, en la valoración de las escalas, aparezcan patrones atípicos que pueden confundirse con la simulación, y también que se intente atribuir la sintomatología exclusivamente a la enfermedad previa, utilizando esta para minar la credibilidad de la víctima. La valoración psicológica forense de personas con TMG y de personas con discapacidad intelectual debe ser realizada por profesionales con formación específica en victimas especialmente vulnerables y en psicología del testimonio.

Algo parecido ocurre con la concausalidad. No solo el acoso, sino también el resto de los riesgos psicosociales tienen un comienzo insidioso, siendo tanto la intensidad como el tiempo que se lleve sufriendo tal acoso dos de los factores implicados en la génesis de las lesiones, que en la mayoría de los casos pueden ser de meses e incluso años.

Como se ha dicho antes, las personas no mantienen sus áreas vitales en compartimentos estancos, por lo que lo que nos ocurre en el trabajo afectará a nuestra vida personal, de pareja, familiar y social. Y viceversa, algo que implica que en procesos de larga duración es posible que, a la vez que una persona esté sufriendo acoso, viva un divorcio, la enfermedad o muerte de un familiar, o cualquier otro suceso estresante cuyas consecuencias se imbriquen con los síntomas del acoso. En estos casos, nos encontraremos un diagnóstico real y una imposibilidad de determinar con exactitud el peso específico de cada una de las causas en el desarrollo de los síntomas. Es verdad que se pueden plantear valoraciones de contigüidad temporal respecto a los síntomas aparecidos si estamos ante una muerte sorpresiva, pero no es así en otro tipo de estresores. También pueden diferenciarse escalas de atribución específica, como la paranoia reactiva, que difícilmente aparece por otras causas que no sean el acoso. Pero todo ello pasa por un estudio minucioso del caso. Estas contingencias también suelen utilizarse para cuestionar la veracidad del cuadro revictimizando a la persona acosada.

NOTAS

Por último, según diferentes investigaciones, el acoso laboral es comórbido con otros riesgos psicosociales como el síndrome de *burnout* (Pérez-Fuentes, Molero-Jurado, Gázquez-Linares y Simón-Márquez, 2019),[106] la violencia en el contexto laboral (López-García, Ruiz-Hernández, Llor-Zaragoza, Llor-Zaragoza y Jiménez-Barbero, 2018)[107] o el estrés laboral (Pérez-Fuentes *et al.*, 2018).[108] Por lo que, ante una detección de un posible caso de acoso, más allá de activar el protocolo prescriptivo, es conveniente iniciar una valoración de todo el organigrama de la empresa.

4.4.5. Otros problemas: ideas delirantes y falso *mobbing*

También hay ocasiones en las que los hechos no son ciertos o subyacen interpretaciones inconsistentes de los mismos. Una de las posibilidades es que la acusación provenga de una incorrecta interpretación de la realidad, como en el caso de delirios paranoides o paranoia no reactiva al acoso, sino estructural a los rasgos de la persona. El denunciante puede presentar un trastorno mental como la paranoia o

106. Pérez-Fuentes, M. C. *et al.* (2019). Analysis of burnout predictors in nursing: Risk and protective psychological factors. *European Journal of Psychology Applied to Legal Context,* 11, pp.33-40, consultable en: https://doi.org/10.5093/ejpalc2018a13.
107. López-García, C., *et al.* (2018). User violence and psychological well-being in primary health-care professionals. *European Journal of Psychology Applied to Legal Context,* 10, pp. 57-63, consultable en: https://doi.org/10.5093/ejpalc2018a6.
108. Pérez-Fuentes, M. C. *et al.* (2018). Inteligencia emocional y empatía como predictores de la autoeficacia en técnicos en cuidados auxiliares de enfermería [Emotional intelligence and empathy as predictors of self-efficacy in certified nursing assistants]. *Revista Iberoamericana de Psicología y Salud,* 9, pp.75-83, consultable en https://doi.org/10.23923/j.rips.2018.02.016.

una personalidad paranoide (Parés Soliva, 2005), un trastorno querulante o un trastorno límite. La existencia de un trastorno no excluye la posibilidad de estar siendo acosado, pero la investigación debe ser mucho más exhaustiva.

Según Marie France Hirigoyen, este es el perfil más habitual en el falso *mobbing*. A pesar de que el diagnóstico siempre debe realizarse por un profesional, hay características orientativas que suelen estar presentes. Es frecuente en estos casos que nos encontremos una denuncia temprana, aportación de pruebas irrelevantes y argumentaciones «extrañas» con muchas atribuciones de intencionalidad. A diferencia de las víctimas reales, la persona con rasgos paranoides no intentará llegar a acuerdos, sino que perseverará en su denuncia y en llevar ante los tribunales a su acosador-víctima. Con un paranoico es imposible argumentar y los conflictos nunca se pueden resolver, ya que se entra en un proceso eterno de acusaciones.

> «Las auténticas víctimas de acoso moral viven en la duda, se cuestionan sus propias actuaciones y buscan soluciones que pongan fin a la situación» (Hirigoyen, 2001).[109]

En estos casos, la intervención por parte de la empresa es compleja, dado que tenemos una persona que se percibe como víctima, que acusa a otro trabajador, que a su vez es victimizado por la acusación y sus consecuencias.

En otros casos, la acusación de *mobbing* puede esconder intenciones y rasgos de personalidad más difíciles de manejar. Son aquellos casos en los que los acosadores utilizan

109. Hirigoyen, M. F. (1996). *El acoso moral. El maltrato psicológico en la vida cotidiana*. Éditions La Découverte y Syros.

NOTAS

la manipulación y el engaño para acusar de *mobbing* a la víctima real del acoso, usando así el procedimiento judicial como una nueva manera de hostigar a la verdadera víctima. Generalmente, bajo este maquiavelismo pueden encontrarse rasgos de trastorno de la personalidad antisocial, generalmente personas con rasgos psicopáticos (no deben confundirse con los rasgos psicóticos) pero correctamente integrados desde el punto de vista de las tipologías delictivas más alarmantes socialmente. El falso acosado utilizará el engaño y la manipulación y puede convertir a la empresa en cómplice de su acoso.

En ambos casos, trastorno mental subyacente o falso *mobbing* estratégico, nos encontraremos ante un denunciante seguro y convencido al que no le preocupa la resolución del conflicto, no buscará el acuerdo y denunciará precozmente. Generalmente, en las víctimas de acoso reales veremos **inseguridad**, búsqueda de acuerdos y adhesión a vías que busquen la resolución del conflicto de la manera más rápida posible (González Rodríguez y González Correales, 2004).[110]

4.5. SOSPECHA DE FRAUDE: RECURSOS PARA LA EMPRESA

En ocasiones, podemos encontrarnos con casos que pueden hacer sospechar que estamos ante fraude en IT. Primero, se debe explicitar que no es lo mismo un fraude que un incumplimiento terapéutico y que, en materia de bajas psicológicas, existen muchos estereotipos que no son ciertos. Es evidente que una persona en situación de IT por una lesión de espalda no puede cargar peso y, sin embargo, no

110. González Rodríguez, V. M., *et al.* (2004). El médico con burnout. *Conceptos básicos y habilidades prácticas para el médico de familia*,1.

NOTAS

negaremos la existencia de la lesión por el hecho de que en rehabilitación haga ejercicios para volver a muscular dicha zona o porque cuelgue en redes sociales que está disfrutando de la lectura de un libro.

En las bajas por motivos psicológicos no se cuestiona la causa de la baja porque la persona haga actividades placenteras o de ocio. Efectivamente eso **forma parte del tratamiento** de recuperación: difícilmente remontará su baja una persona afectada por una depresión si nos limitamos a prescribirle antidepresivos pero le obligamos a quedarse en casa, encerrado y solo. La mejoría pasa por la realización de actividades sociales, lúdicas y de ocio que, además, permiten avanzar más rápidamente al tratamiento. Igualmente, por el hecho de que la persona sonría en una foto de sus redes sociales no se puede cuestionar la existencia de un cuadro ansioso o depresivo, pues puede ser un rato de mejoría sintomatológica o puede estar «disimulando», al encontrarse en un entorno social.

A lo que sí se considera incumplimiento terapéutico es a aquellas conductas que **ralenticen la curación** o interfieran negativamente en el tratamiento, como podría ser no tomarse el tratamiento prescrito o el consumo de alcohol, aunque en este punto hay que tener cuidado en la valoración, dado que no es igual que se haya comenzado dicho consumo como consecuencia de los hechos (con lo que sería un síntoma de la patología) a que se consuma alcohol de forma habitual (una copa de vino en la comida, por ejemplo), a pesar de que se haya indicado que durante el mismo se deban evitar las bebidas alcohólicas.

Sí que podría ser indicador de fraude aquellas conductas cuyas funciones sean **incompatibles** con las afectadas por la patología. Generalmente, los problemas psicológicos llevan aparejadas quejas neurocognitivas, mayoritariamente de atención, concentración y memoria, en cuyo caso, por poner un ejemplo, ganar unas olimpiadas de matemáticas es bastante incompatible con el padecimiento de dichas afecciones.

NOTAS

Como hemos visto la simulación es:

> «El intento deliberado de mentir o engañar acerca de una enfermedad o discapacidad, exagerando la sintomatología, con el fin de obtener un beneficio personal, que, generalmente, suele ser de tipo económico o implica la exención de deberes y obligaciones» (Kropp y Rogers, 1993).

Ante la sospecha de simulación, o cuando las bajas son recurrentes y se busca el mejor tratamiento con el fin de normalizar el correcto funcionamiento de la empresa, se puede solicitar que el trabajador sea **examinado** por profesionales externos al sistema público de salud o a la Seguridad Social para que realicen un diagnóstico diferencial de la misma. La empresa lo puede solicitar a su empresa de vigilancia de la salud, o bien lo puede realizar a través de médicos de empresa o por medio de otros profesionales externos. Obvia decir que el contenido de ese reconocimiento que se hace al estado psíquico del paciente es confidencial, y que el empresario no podrá conocerlo, de tal forma que solo sabrá finalmente si es «apto», «no apto» o «apto con limitaciones». Es destacable añadir que la negativa del trabajador a someterse a esta evaluación externa, determinaría que el empresario pudiera **suspender los derechos económicos** que sean a su cargo (por ejemplo, los complementos o mejoras económicas que pague la empresa durante la situación de IT), aunque nunca se suspendería la prestación que abone por pago delegado.

Así lo dispone el artículo 20.4 del Estatuto de los Trabajadores:

«El empresario podrá verificar el estado de enfermedad o accidente del trabajador que sea alegado por este para justificar sus faltas de asistencia al trabajo, mediante reconocimiento a cargo de personal médico. La negativa del trabajador a dichos reconocimientos podrá determinar la suspensión de los derechos económicos que pudieran existir a cargo del empresario por dichas situaciones».

En las bajas psicológicas, el profesional indicado deber tener experiencia en el manejo de la simulación y disimulación y disponer de las herramientas, técnicas y test adecuados con validez forense.

Entre los indicadores que pueden orientar el diagnostico de **simulación** en el contexto médico legal están los siguientes (Samuel y Mittenberg, 2006):[111]

111. Samuel, R. Z., y Mittenberg, W. (2005). Determination of malingering in disability evaluations. *Primary Psychiatry, 12* (1), pp. 60-68.

NOTAS

- **Motivación y circunstancias**: incentivos económicos, solución a problemas socioeconómicos, conducta antisocial, insatisfacción profesional, conflictos laborales, situación cercana a la jubilación e historia previa de engaño, simulación o actos deshonestos.
- **Sintomatología**: presencia de síntomas atípicos o inusuales, exageración de la sintomatología, resultados en las pruebas psicológicas y sintomatología incongruente con el curso normal de la enfermedad.
- **Presentación ante la entrevista**: falta de cooperación con el evaluador y con la divulgación de la información y discrepancias entre los datos de la entrevista y la historia clínica o la documentación preexistente.
- **Actividad o conducta fuera de la entrevista**: actividad laboral durante el período de reclamación, realización de actividades lúdicas, no relacionadas con el trabajo, buen funcionamiento excepto en aquello relacionado con el desempeño de la actividad laboral, falta de compromiso con el tratamiento.

Estos indicadores deben objetivarse a través del proceso de diagnóstico que se ha explicado en el epígrafe correspondiente.

Por último, los profesionales clínicos y forenses que hayan tratado o evaluado a las personas implicadas, emitirán sus informes. Aquellos informes donde se determine la simulación y, por lo tanto, el posible fraude o cualquiera de las otras casuísticas de riesgos psicosociales sobre las que ha versado el presente capítulo, deberán ser ratificados fi-

nalmente ante los tribunales competentes, tanto en el papel de perito-testigo o de perito-forense, en función del tipo de intervención e informe realizado.

Es fundamental señalar aquí las diferencias entre los profesionales que hayan estado al cargo del tratamiento y los psicólogos forenses:

- Primero, la **incompatibilidad** señalada por la deontología y los códigos de buena praxis, que obliga a que todo aquel ha tenido conocimiento de los hechos en su ejercicio profesional, como psicólogo o como médico, solo pueda actuar en calidad de perito-testigo y nunca como perito-forense.
- Segundo, señalar que el perito forense tiene como objetivo primordial ayudar a la **Administración de Justicia** en la toma de decisiones, independientemente de que la demanda de su intervención provenga del mismo tribunal, de cualquiera de las partes o de sus representantes procesales. Su fidelidad se debe exclusivamente a la Administración de Justicia, cambiando además la obligatoriedad del «secreto profesional». En el caso del perito, toda información obtenida debe ser facilitada al proceso.

Un rol diferente es el de aquellos profesionales que han tenido conocimiento total o parcial de los hechos en el ejercicio de su profesión, tanto en intervenciones de urgencia (en crisis), como en tratamientos prolongados. En ese caso, se les puede llamar a declarar como testigos, pero dado el tipo de intervención profesional en la que han participado, se encuentran en la tesitura de que deben secreto profesional a su cliente. Secreto del cual solo puede ser eximido

NOTAS

por el mismo cliente o por providencia judicial (Gutiérrez Salegui, 2017).[112]

Para esto, la Ley 1/2000, de Enjuiciamiento Civil (LEC), contempla un trámite para la solución de la situación del deber de **secreto profesional** (artículo 371.1 de la LEC):

> «1. Cuando, por su estado o profesión, el testigo tenga el deber de guardar secreto respecto de hechos por los que se le interrogue, lo manifestará razonadamente y el tribunal, considerando el fundamento de la negativa a declarar, resolverá, mediante providencia, lo que proceda en Derecho. Si el testigo quedare liberado de responder, se hará constar así en el acta».

Por último, como se puede ver, en el ámbito de los riesgos laborales psicosociales cobra plena vigencia la sentencia del Tribunal Supremo del año 1992 (STS 8593/1992) sobre la importancia de la psicología en el ámbito jurídico:

> «La psicología permite aportar medios de conocimiento, que el Tribunal no puede obviar, dado que le aporta conocimiento científico especializado».

112. Gutierrez-Salegui, A. (29 de enero de 2017). Informes médicos y psicológicos, forenses y de parte, ante la administración de Justicia. Hay derecho. https://www.hayderecho.com/2017/01/29/informes-medicos-y-psicologicos-forenses-y-de-parte-ante-la-administracion-de-justicia/

CAPÍTULO 5
MEDIDAS PARA DISMINUIR LAS BAJAS POR IT

Por Antonio Salas Baena
Abogado y director de Prestaciones Económicas de FREMAP

5.1. EVOLUCIÓN DE ABSENTISMO DERIVADO DE LA IT

NOTAS

Desde la primera edición de este libro en 2011, la evolución del absentismo derivado de las situaciones de IT ha sido ciertamente sorprendente: se ha experimentado un **incremento alarmante**, centrado en las bajas médicas derivadas de contingencias comunes (accidente no laboral y, sobre todo, enfermedad común).

En este capítulo vamos a referirnos prácticamente en exclusiva a este tipo de procesos, ya que las medidas que deben aplicarse frente a las contingencias profesionales (accidente de trabajo y enfermedad profesional) son medidas fundamentalmente de prevención de riesgos laborales suficientemente conocidas y suelen tener un resultado positivo, como ya se ha evidenciado en su evolución a lo largo de los últimos años.

Por el contrario, el siguiente gráfico (realizado con información extraída de la página web de la Seguridad Social) pone de manifiesto el imparable aumento del absentismo derivado de las contingencias comunes.

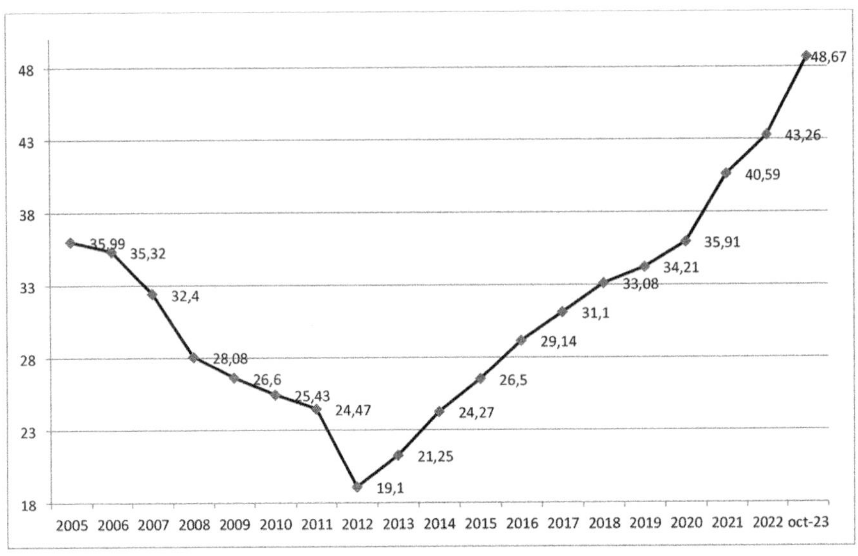

NOTAS

En ella podemos observar el **«índice de prevalencia»** o número de procesos pendientes de alta médica a final de cada ejercicio (en el caso del 2023, el dato está actualizado hasta el mes de octubre) por cada mil trabajadores por cuenta ajena afiliados en el Régimen General de la Seguridad Social.

Desde nuestro punto de vista, es uno de los mejores y más fiables indicadores que marcan la evolución del absentismo por este motivo.

Como puede observarse, tras la grave crisis económica del año 2008, el indicador tocó fondo en el 2012. A partir de entonces, con la progresiva recuperación de las empresas, los trabajadores que permanecen de baja respecto a los afiliados son más numerosos cada vez. La progresión del parámetro se ha disparado (por la crisis sanitaria surgida a consecuencia de la pandemia COVID-19) hasta esta nueva edición del presente libro sin que se hayan manifestado signos de remisión (sino todo lo contrario) de esta auténtica debacle para la productividad de la economía española.

NOTAS

5.2. DIAGNÓSTICO DEL PROBLEMA DEL ABSENTISMO POR IT

Para afrontar medidas eficaces que hagan revertir esta perniciosa tendencia es fundamental un diagnóstico acertado del problema. Desde luego, cabe descartar que en la última década se haya producido un deterioro tan notable de la salud de los trabajadores por cuenta ajena de nuestras empresas. Y, a pesar de la agudización de las carencias de personal asistencial (médicos especialistas y enfermeros, fundamentalmente), tampoco el sistema nacional de salud ha experimentado en ese período un empeoramiento tan relevante. Sino que, por el contrario, los avances de la medicina, en general, están logrando cada vez prolongar más la longevidad de los españoles, hoy en día una de las más elevadas del mundo. Y, si bien la incidencia de la pandemia COVID-19 ha influido negativamente en ambos factores (salud de la población en general y presión sobre el sistema sanitario público), como se observa en el gráfico anterior, el incremento del indicador ya se producía durante los ocho años anteriores (aunque, ciertamente, la progresión en su deterioro se dispara desde el 2020).

Por todo ello, desde nuestra experiencia en la gestión de estos procesos de contingencias comunes, no cabe la menor duda de que las dos claves en el denominado «problema de la IT» estriban en:

NOTAS

- En primer lugar, en la **falta de control eficiente** en la emisión de las bajas médicas por parte de los facultativos responsables de su autorización, los médicos del servicio público de salud dependiente de la comunidad autónoma con competencias transferidas en esta materia.

  Hay que destacar que, a pesar de contar con esta competencia, las comunidades autónomas no soportan el coste económico derivado de la emisión de las bajas médicas, ya que el subsidio de IT se abona, a su cargo, por las propias empresas o por la entidad gestora (INSS o Instituto Social de la Marina) o colaboradora (Mutuas Colaboradoras con la Seguridad Social).

- Y, en segundo lugar, precisamente por esa falta de control, la baja médica no es tanto dispensada por el médico del servicio público de salud, sino **solicitada y conseguida** («coger la baja») por el propio trabajador, algo que él hace en función no solo de su capacidad funcional, es decir, de la incidencia de la posible patología y su tratamiento sobre el desarrollo del puesto de trabajo habitual, sino también de sus circunstancias subjetivas de otro orden (problemas laborales con el empresario o con sus compañeros; imposibilidad de conciliar el trabajo con obligaciones familiares; deslealtad en el ejercicio de sus obligaciones laborales, etc.).

5.3. MEDIDAS PARA DISMINUIR EL ABSENTISMO DERIVADO DE IT

5.3.1. El complemento voluntario a cargo de las empresas

Una vez centrado de esta forma el origen del problema, la propia configuración del subsidio de IT (que solo es en parte sustitutivo de la retribución del trabajador) vendría en principio a colaborar de forma sustancial con el objetivo de evitar el factor subjetivo que se ha indicado o la solicitud injustificada de la baja médica, así como la prolongación de su duración más allá de lo necesario para recuperar la suficiente capacidad funcional.

Dicha configuración se compone de un «**período de espera**» (los 3 primeros días desde la baja médica, en que todavía no se inicia la percepción de la prestación) e incluye diferentes porcentajes sobre la base de cotización que se aplican para el cálculo del subsidio (60 % hasta el día 20.º y del 75 % a partir del día 21.º).

Sin embargo, es sorprendente y contradictorio observar cómo los empresarios han ido asumiendo complementos voluntarios a través de los convenios colectivos y acuerdos con los trabajadores, pues cada vez conducen en mayor grado a que, durante la situación de IT, el beneficiario apenas note ninguna disminución en su nivel de ingresos. Por ese motivo, el factor subjetivo o la mera discrecionalidad del trabajador al solicitar una IT surte plenamente sus efectos, dado que no incide en su economía.

5.3.2. Medidas adoptadas por el legislador

Dado que el abuso del derecho a la prestación consume la correspondiente partida presupuestaria de la Seguridad Social (tanto las entidades gestoras como las colaboradoras se nutren de este presupuesto), las medidas legales que históricamente se han adoptado para intentar evitarlo han sido muy variadas y, como puede observarse en la realidad que nos rodea, muy poco eficaces:

- El Real Decreto 53/1980, de 11 de enero, redujo la cuantía diaria de la prestación económica de IT por contingencias comunes durante el período del 4.º al 20.º día, pasando del 75 % al 60 % de la base reguladora.
- La Ley 28/1992, de 24 de noviembre, trasladó al empresario la responsabilidad del abono a su cargo de la prestación entre los días 4.º al 15.º de la baja.
- La Ley 42/1994, de 30 de diciembre, redujo el período máximo de baja previo a la evaluación de la incapacidad permanente, que disminuyó de 6 años (antigua situación de incapacidad laboral transitoria más la de la extinta invalidez provisional) a 730 días, duración máxima de la situación de IT, una vez aplicadas las prórrogas y prolongaciones correspondientes, salvo la autorización por el INSS de realizar un nuevo proceso, por una sola vez, cuando existan posibilidades de recuperación de la capacidad laboral.

NOTAS

(continuación...)

- La Ley 24/2001, de 27 de diciembre, redujo la cuantía de la prestación, una vez extinguida la relación laboral, hasta la que correspondería en el caso de desempleo contributivo. De la duración de esta última prestación es preciso deducir el período que se haya consumido como IT desde la fecha en que se extinguió la relación laboral.
- Se incorpora a las Mutuas Colaboradoras con la Seguridad Social para gestionar la prestación económica de la IT derivada de contingencias comunes, mediante la Ley 22/1993, de 29 de diciembre –con respecto a los trabajadores por cuenta propia– y la Ley 42/1994, de 30 de diciembre –para los trabajadores por cuenta ajena de las empresas que optasen por esta cobertura–.

Sin embargo, la normativa reconoce a estas entidades colaboradoras ciertas facultades de control sobre la propia situación de incapacidad, pero esas facultades se limitan solo a poder *sugerir* a los facultativos del servicio público de salud la posibilidad de emitir el alta médica (propuestas motivadas de alta) porque la persona trabajadora haya recuperado su capacidad funcional, a juicio de los servicios médicos de las mutuas. Del mismo modo, la normativa reconoce –con todo tipo de dificultades burocráticas y sin financiación alguna– la facultad a esas mismas entidades para anticipar algunas pruebas y tratamientos médicos que propicien la reincorporación laboral, rápida y satisfactoria, de la persona trabajadora.

La desconfianza del legislador hacia estas entidades colaboradoras, dado que tienen un origen y naturaleza privada, **no ha permitido** hasta la fecha que se otorguen a

NOTAS

las mutuas facultades ejecutivas sobre la situación de IT, ni siquiera en relación con su extinción, a pesar de la tutela y control que se hacen cada vez más intensamente por parte del ministerio competente en cada caso. De cualquier modo, y aunque pudiera serlo en un futuro (por ejemplo, con la posibilidad de emitir altas médicas a los beneficiarios tras su tratamiento), esto no impediría nuevas bajas médicas, e inmediatas, por el mismo diagnóstico o por uno similar, y a cargo del servicio público de salud, cuando el interesado estuviese en desacuerdo con la extinción de la situación de IT por parte de la mutua.

Como ya se ha indicado, una de las dos claves del «problema de la IT» se encuentra en la **falta de control** al emitir las bajas médicas. Por el contrario, y como se verá, el legislador ha podido equivocarse al centrar su interés en la duración de la baja médica y en su extinción, cuando lo fundamental es la propia emisión de esta, que en muchas ocasiones aparece disfrazada de diagnósticos aparentemente diferentes solo para sortear los controles sobre la duración máxima de la IT.

La Ley 30/2005, de 29 de diciembre, es un claro ejemplo de esta vocación del legislador para afrontar el problema de las bajas médicas de contingencias comunes, intentando acotar su duración y no evitando emitir aquellas que no estén justificadas por la falta real de capacidad funcional del trabajador. Así, el INSS se convierte en el **único** gestor de la situación de IT a partir de la duración de 365 días, confiando que los facultativos de la entidad gestora (únicos competentes, a partir de ese momento, para decidir la prórroga de la de IT) puedan reconducir la posible falta de ejecutoriedad de los servicios públicos de salud en los procesos más largos y complejos, servicios que hasta entonces otorgaban de forma tácita dicha prórroga sin el menor control.

NOTAS

Esta medida sigue el interés del legislador en centrar la atención en el aspecto organizativo y en el control de la IT, incorporando sucesivos controles que solo se justifican por la desconfianza, nada gratuita, en el médico del servicio público de salud que emite la baja y que debe certificar estas situaciones.

Así, se dan circunstancias esperpénticas, como que intervengan una multitud de profesionales médicos, de forma simultánea, para comprobar si es correcta la decisión del médico que emitió la baja: el inspector médico del servicio público de salud, el inspector médico del INSS, el médico de la mutua, el inspector médico de la compañía de seguros –en los supuestos de accidentes de tráfico–, el médico de vigilancia de la salud de la empresa o el contratado de forma específica por la empresa a estos efectos, y el médico forense –de llegar el asunto al Juzgado–. Todos estos médicos citan al mismo paciente para hacerle una revisión, y el afectado va dando bandazos con su «bolsa del Corte Inglés» llena de informes médicos y resultados de pruebas, repitiendo una y otra vez a todos ellos sus dolencias y síntomas en un ejercicio de infinita paciencia.

Como medida complementaria de la anterior, tras ciertas resoluciones del INSS sobre la extinción de IT, se dificulta legalmente la posibilidad de enlazar procesos por el mismo o similar diagnóstico, en particular, cuando ya se hubiese superado la duración de 545 días. Sin embargo, la propia norma prevé que el Instituto haga «tabla rasa» y permita «poner el contador a cero», comenzando el trabajador un nuevo proceso por el mismo o similar diagnóstico, eso sí, en principio, por una sola vez. En realidad, esto no evita nuevas bajas médicas por diagnósticos más o menos relacionados con los anteriores.

Para favorecer la colaboración de los servicios públicos de salud de las comunidades autónomas se suscriben conciertos económicos del INSS con cada una de ellas, en los que se establecen determinados objetivos que deben cumplirse a cambio de relevantes incentivos económicos. Esto no deja de ser, en la práctica, un incremento del coste que la Seguridad Social destina a que los médicos responsables de emitir las bajas y altas de IT cumplan sus propias obligaciones, y ello, lamentablemente, con escaso resultado positivo en la práctica.

Asimismo, se han suscrito **acuerdos de colaboración** entre las diversas entidades implicadas en el control de estos procesos, servicios públicos de salud y entidades gestoras y colaboradoras, que en general no dejan de ser meras buenas intenciones que reiteran sin más lo que ya está previsto en la normativa. En este sentido el resultado práctico tampoco ha sido suficientemente eficaz.

La consecuencia de las medidas que han situado al INSS como protagonista decisivo a la hora de controlar la duración de los procesos más complejos de IT, no ha podido ser más negativa: las bajas que superaban los 365 días eran tan numerosas que superaban los recursos disponibles del Instituto, demorándose (en algunos casos durante meses) las correspondientes resoluciones que supusiesen la extinción de la IT, bien porque se le reconociesen las prestaciones de incapacidad permanente al interesado, bien porque se le denegasen a fin de reincorporarlo a su puesto de trabajo.

NOTAS

Ante esta complicada coyuntura, la medida legal adoptada ha sido contraproducente: desde el 17 de mayo de 2023, de conformidad con lo dispuesto en el Real Decreto ley 2/2023, de 16 de marzo, **la prórroga** de la IT a partir del día 365.º, es automática. En esta nueva coyuntura, por lo tanto, ni los médicos del servicio público de salud controlan la situación de IT a partir de que el proceso ha alcanzado los 365 días, ni el INSS está revisando estos procesos en la práctica hasta que alcanzan la duración de 545 días. Por su parte, las mutuas carecen de cualquier tipo de competencia ejecutiva sobre la IT derivada de contingencias comunes, sea de duración superior o inferior a 365 días. La experiencia está siendo negativa, acumulándose los procesos con cada vez mayor duración e incrementándose el coste que el sistema de la Seguridad Social debe soportar.

Finalmente, es también de destacar que esta última normativa desde el 17 de mayo de 2023 **libera al trabajador** que inicia la situación de IT de la obligación de entregarle al empresario su ejemplar de la baja médica (que desaparece), así como del resto de los certificados de IT, partes de confirmación y de alta médica. Esta novedad, unida a la expansión de la videollamada médica y a la emisión de los partes de IT por esta misma vía por parte de los servicios públicos de salud, ha dado como resultado inmediato que hayamos visto en el 2023 el primer verano en la historia reciente de la IT en el que no se ha producido el fenómeno conocido como «doctor verano», que venía a suponer que el verano era una estación durante la cual, de forma *milagrosa*, se producía la curación masiva de un gran número de trabajadores en situación de IT, que después de disfrutar de sus vacaciones, volvían a causar baja de recaída de sus procesos. En el verano del 2023 se han mantenido prácticamente inalterados los procesos en vigor, probablemente por la nueva facilidad de obtener los partes de confirmación desde el lugar de disfrute de las vacaciones y sin tener que entregarlos en la empresa.

Cabe preguntarse si, en realidad, es factible resolver solo mediante la actividad legislativa esta deriva tan perniciosa para la productividad de las empresas, y si ello permitiría controlar la importante partida que supone el subsidio de IT en el presupuesto de la Seguridad Social. O si, por el contrario, la IT por contingencias comunes se ha convertido en una vía de escape para resolver determinadas situaciones no vinculadas con la salud de los trabajadores. En este sentido, parece claro que los representantes de los trabajadores consideran esta materia como «intocable», en la medida que la baja médica se ha convertido en un «arma de defensa» de la mayor facilidad de acceso y eficacia para el trabajador en sus conflictos con el empresario. Por si fuera poco, en algunas ocasiones, los propios empresarios ven en la baja médica prolongada y, a ser posible, cuando culmina en una incapacidad permanente, una vía idónea para desprenderse, a un coste asumible, de determinados trabajadores que les generan problemas de todo tipo.

Por todo ello, no somos en absoluto optimistas sobre la posibilidad de que, en un futuro próximo, se adopten medidas legales para impedir continuar hacia el deterioro incontrolado del absentismo laboral que deriva de las bajas médicas por contingencias comunes.

Si, en el seno de la empresa, decide abordarse este problema con auténtica voluntad de resolución, las medidas dependerán del propio empresario, de la organización del trabajo y de su acercamiento a los trabajadores a su cargo para, conjuntamente, dejar en sus justos términos el alcance de estas situaciones de IT. Si el empresario no consigue que cada una de las decisiones individuales de los trabajadores sobre esta materia se adopte con un alto nivel de implicación con la empresa y la autoexigencia mínima para otorgar el carácter excepcional que debería caracterizar la IT en lo tocante a la suspensión del contrato, la productividad de la empresa se verá fatalmente afectada. Además, se debe tener en cuenta el carácter «contagioso» de la actitud del «absentista profesional» respecto al colectivo de trabajadores más próximos, ya que, con su deslealtad con la empresa y con sus compañeros –que soportarán con sus ausencias una mayor carga de trabajo– estará propiciando un clima que socavará el espíritu de trabajo en equipo y de superación y mejora.

NOTAS

5.3.3. Medidas a adoptar en el seno de las empresas

La IT genera unos costes directos e indirectos para el empresario, de una importancia que cabe resaltar, integrados en aquellos otros que el mismo empresario debe asumir en la gestión de los recursos humanos y en la producción de bienes y servicios. Así, la empresa soporta a su cargo el subsidio que debe abonarse al beneficiario durante los días 4.º al 15.º, ambos inclusive, de la baja médica por contingencias comunes. Este coste **no puede repercutirlo** la empresa a la Seguridad Social.

En este sentido, las bajas de dudosa justificación tienen mayor incidencia cuando duran poco, puesto que, en estos tramos iniciales los facultativos de los servicios públicos de salud cuentan con menos medios para corroborar objetivamente y de inmediato los síntomas que los beneficiarios manifiestan de una manera subjetiva.

Durante la situación de IT, y hasta un máximo de 545 días, el empresario deberá seguir cotizando por los beneficiarios. Dependiendo de lo que se haya acordado en el convenio colectivo aplicable o, en su defecto, en el pacto individual con el trabajador, el empresario deberá hacerse cargo de la diferencia, o de un porcentaje de esta, que habría

entre la retribución que percibe normalmente el trabajador y el subsidio por IT al que tenga derecho. En muchas ocasiones, esto supone que la empresa debe abonar:

- Íntegramente: los primeros 3 días de la baja médica por contingencias comunes.
- La diferencia hasta el 100 % de la retribución del trabajador: entre los días 4.º al 20.º (en este período, el beneficiario percibe como subsidio solo el 60 % de la base reguladora correspondiente),
- Y la respectiva diferencia a partir del día 21.º (el subsidio es equivalente al 75 % de la base reguladora).

En buena parte de ocasiones, y especialmente en las empresas con pocos trabajadores, debe sustituirse al beneficiario, algo que implica ciertos costes de selección, formación básica, remuneración y cotización social. Aunque difíciles de medir, es cierto que también deben valorarse los costes que provoca indirectamente la ausencia del trabajador en aspectos como sus conocimientos o habilidades específicas en la producción o la relación singular que tuviese con algunos clientes.

Si en la empresa se quiere afrontar con eficacia este problema, es preciso abordarlo en la mesa de negociación y corresponsabilizar a los representantes de los trabajadores en la lucha contra el absentismo injustificado. Se deben volcar los esfuerzos en no tratar a todas las personas trabajadoras por igual y centrar la atención en los que demuestran reiteradamente su desapego hacia la organización y hacia el esfuerzo de sus propios compañeros. En ocasiones, la solución al problema estará en sustituir a un encargado, o en remodelar el complemento voluntario para premiar la eficacia en el trabajo, o en flexibilizar el tiempo de trabajo para permitir una adecuada conciliación con las obligaciones familiares.

NOTAS

Lo importante que habría que establecer sería:

- Que empresario y los trabajadores conozcan abiertamente y compartan el objetivo de reducir la IT, para ceñirla a lo totalmente justificado.
- Que se establezcan mecanismos para detectar, aislar y depurar los elementos que obstaculizan este objetivo, sea cual sea su posición jerárquica en la empresa.
- Que exista una auténtica voluntad empresarial para remover estos obstáculos, aunque ello suponga un coste económico puntual (por ejemplo, una indemnización por despido improcedente de un «absentista profesional» con dilatada antigüedad en la empresa).

Además de las funciones propias de las empresas que asuman la colaboración voluntaria respecto a sus propios trabajadores, en general, todas las empresas pueden verificar el estado de enfermedad o el accidente que haya alegado el trabajador para justificar sus faltas de asistencia al trabajo, mediante un reconocimiento a cargo del personal médico que haya designado el empresario al efecto. La negativa injustificada a tales reconocimientos podrá determinar la suspensión de los derechos económicos que pudieran existir a cargo del empresario por dichas situaciones de IT.

En todo caso, se deberá verificar la IT por medio del personal médico, limitándose a efectuar un proceso de control y respetando las reglas generales en materia de intimidad,

de tal forma que los datos sanitarios del trabajador se guarden en secreto. Es frecuente que algunas empresas utilicen los servicios de «médicos visitadores a domicilio» del beneficiario, algo que no debería ser un problema si cuenta con la autorización expresa del mismo e, incluso, si ya estuviese previsto en el convenio colectivo que corresponda. No obstante, es preciso resaltar que, dado el ámbito de intimidad propio del domicilio familiar, estas actuaciones deben ser adoptadas con las precauciones necesarias para no vulnerar los derechos de los trabajadores y para evitar que los mismos se sientan acosados injustamente cuando están reposando a causa de sus dolencias.

Si los informes del médico que ha propuesto la empresa y los del facultativo del servicio público de salud resultasen contradictorios, la divergencia de criterios no produciría efecto alguno sobre el subsidio del trabajador ni sobre la situación de suspensión laboral, dado que en nuestro ordenamiento jurídico corresponde al facultativo público decidir sobre el inicio y continuación de las bajas laborales. No obstante, la empresa podrá dirigirse a la inspección médica del servicio público de salud, aportándole los elementos de juicio que considere apropiados, incluidos los informes y las pruebas diagnósticas realizados por el médico que haya designado para justificar la improcedencia de la situación de IT. El inspector, así, podrá tomar la decisión que vea más oportuna, incluida el alta médica.

Es importante señalar que el empresario solo podrá tratar **informáticamente** los datos relativos a las bajas médicas de conformidad al objetivo, formas y efectos que la ley o el reglamento dicten, salvo autorización expresa de cada uno de los trabajadores.

En relación con el uso de detectives privados, nos remitimos al capítulo 3 de este libro, que lo ha tratado pormenorizada-

NOTAS

mente. Solo cabe recalcar lo importante que es utilizar siempre los servicios de un profesional acreditado oficialmente, y que sus informes serán eficaces si prueban la falta de lealtad del trabajador y su intención de impedir o perjudicar la mejoría o curación (y, por tanto, su reincorporación laboral).

También se ha abordado, en el capítulo correspondiente, la posibilidad de despido del trabajador en situación de IT, en el supuesto de que precisamente el motivo del despido sea la prolongación de dicha suspensión de la relación laboral. Una actuación rigurosa del empresario en esta materia, unida al mantenimiento de un clima social satisfactorio, podrá prevenir en buena medida la escalada en el absentismo derivado de la IT derivada de contingencias comunes, tan pronto como su incipiente crecimiento sea observado.

5.3.4. La colaboración de las mutuas en el control del absentismo derivado de la IT

Respecto a la posibilidad de solicitar la colaboración de la Mutua Colaboradora de la Seguridad Social, en la actualidad, cabe decir que más del 75 % de los trabajadores por cuenta ajena perciben el subsidio de IT derivada de contingencias comunes **con cargo a una mutua**. Este porcentaje tiende a incrementarse hasta convertir en meramente residual –como ocurre en las contingencias profesionales– la participación del INSS y del Instituto Social de la Marina como entidades aseguradoras de esta prestación.

Estas entidades gestoras cuentan con herramientas mucho más expeditivas para el seguimiento y control de las situaciones de IT derivadas de contingencias comunes, como son la posibilidad de emitir altas médicas a todos los efectos, con independencia de la duración de la baja médica, o la de

iniciar el expediente de IT igualmente en cualquier estadio de la IT. Sin embargo, estas decisiones también pueden adoptarlas las entidades gestoras a instancias de las mutuas y, dada la mayor proximidad y su vocación de servicio a las empresas, esto suele hacer que el empresario se decante por contar con ellas para llevar a cabo el seguimiento y control de las situaciones de IT derivada de contingencias comunes.

A continuación, enumeramos las actuaciones que las mutuas pueden desarrollar, sea por su propia iniciativa o a instancia del empresario. Recomendamos que las actuaciones que en este ámbito desarrolle la empresa se coordinen de la forma más eficaz posible con las de la mutua:

- Los facultativos de las mutuas pueden acceder a la información sobre los diagnósticos iniciales y sucesivos a través de los certificados médicos de baja, confirmación y alta.
- Asimismo, tienen derecho a solicitar del paciente toda la información médica con la que cuenten o puedan obtener de los servicios médicos que le atienden, sean públicos o privados.
- E, igualmente, pueden dirigirse a dichos servicios médicos para solicitarles directamente la información médica que sea necesaria para llevar a cabo el seguimiento y control médico que reglamentariamente les corresponde de la IT en cuestión. En todo caso, esta función de acceso a la información médica debe desarrollarse con respeto a la confidencialidad de datos médicos y al derecho a la intimidad de los trabajadores, por lo que en ninguna circunstancia dicha información médica se trasladará por los servicios médicos de la mutua a la empresa.

NOTAS

(continuación...)

- Los servicios médicos de la mutua podrán citar a reconocimiento médico obligatorio a los beneficiarios en situación de incapacidad temporal, y ello con independencia de que se haya o no alcanzado la duración de esta que implica la asunción por la mutua del coste del subsidio (día decimosexto de la baja médica, en el supuesto de los trabajadores por cuenta ajena con contrato de trabajo vigente).

La negativa injustificada del beneficiario a someterse a estos reconocimientos dará lugar a que por la propia mutua se emita un acuerdo, primero suspendiendo y, después, extinguiendo el derecho al subsidio, que se comunicará tanto al trabajador como a la empresa para que, de esta forma, la empresa deje de abonar la prestación a compensar, mediante el pago delegado, a cargo de la mutua.

La experiencia demuestra que la participación de los servicios médicos de las mutuas, en la primera etapa de la enfermedad, consigue aminorar notablemente su gravedad y duración, de forma que, para emitir su juicio clínico, el facultativo de la mutua puede realizar de inmediato las pruebas diagnósticas necesarias. Si resultan ser negativas y así se comunica al paciente, se le permite de esta manera reincorporarse a su puesto de trabajo, sin la necesidad de esperar los prolongados plazos que el Servicio Público de Salud necesita para emitir un diagnóstico definitivo.

Asimismo, disponer de recursos sanitarios de las mutuas puede permitir que se evite, con el consentimiento del paciente y la autorización del servicio público de salud, la lista de espera para realizar las pruebas diagnósticas o los trata-

NOTAS

mientos médicos, con la consiguiente reducción del tiempo de sufrimiento del paciente y de prolongación de la IT.

Los servicios médicos de las mutuas, al contrario que los propios de los servicios públicos de salud y los del INSS o el Instituto Social de la Marina (ISM), no pueden expedir altas médicas en los procesos de IT derivada de contingencias comunes, pero sí pueden proponerles el alta médica o solicitársela a las entidades gestoras.

5.3.5. Corolario

Como resumen, es preciso señalar que el empresario cuenta con la clave para evitar o reducir las situaciones de IT del personal que esté a su servicio, disponiendo de las herramientas necesarias para ello, bien sea:

- Articulando mecanismos efectivos para prevenir las contingencias profesionales.
- Motivando a las personas trabajadoras para que no usen la IT derivada de contingencias comunes como una salida falsa a los conflictos de orden laboral.
- Premiando la presencia y la participación efectiva de los trabajadores en la mejora de la productividad.
- Contando con la colaboración de una mutua para ayudarle a reaccionar contra los supuestos de abuso en el momento en el que se inicien y también para evitar o minimizar los perjuicios derivados una vez que ya se hayan producido tales abusos, especialmente cuando las IT son por contingencias profesionales.

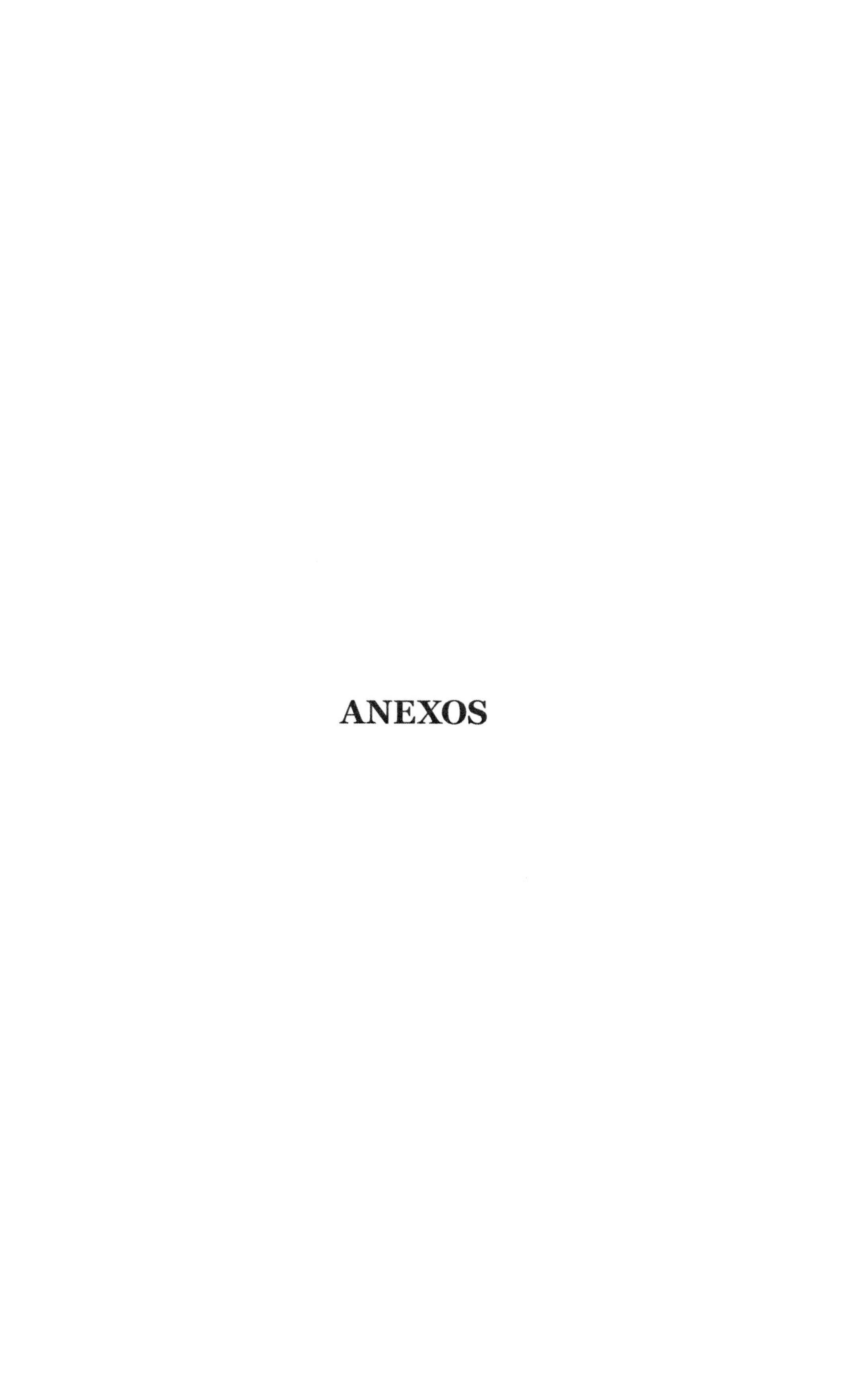

ANEXOS

Índice de términos

Recursos

Guía Laboral del Ministerio de Trabajo y Economía Social y del Ministerio de Inclusión Social, Seguridad Social y Migraciones: https://www.mites.gob.es/es/Guia

Información sobre la prestación de IT en la web del Instituto Nacional de la Seguridad Social: https://www.seg-social.es/wps/portal/wss/internet/InformacionUtil/44539/44667

Sistema de Remisión Electrónica de Documentos (RED) de la Seguridad Social: https://sede.seg-social.gob.es/wps/portal/sede/sede/EmpresasyProfesionales/red/06red

Gestiones para beneficiarios de IT en la web del INSS: https://sede.seg-social.gob.es/wps/portal/sede/sede/Ciudadanos/Incapacidad/201984

Gestiones relacionadas con la IT para empresas, en la web del INSS: https://sede.seg-social.gob.es/wps/portal/sede/sede/EmpresasyProfesionales/prestaciones/07prestaciones

Guía práctica para impugnar altas médicas en el blog de Seguridad Social de Miguel Arenas: https://miguelonarenas.blogspot.com/2023/11/actualizacion-guia-para-impugnar-altas.html

Entradas relativas a IT en el blog *Mi Sitio Social* de M.ª Alexandra Díaz Mordillo: https://www.misitiosocial.com/search/label/post_incapacidad%20temporal

Recopilación de criterios de gestión del INSS en la web del Colegio de Abogados de Oviedo: https://www.icaoviedo.es/Colegiados/Criterios-de-Gestion-INSS

Normativa

Normas básicas generales:

Real Decreto Legislativo 8/2015, de 30 de octubre, por el que se aprueba el texto refundido de la Ley General de la Seguridad Social (LGSS).

Real Decreto Legislativo 2/2015, de 23 de octubre, por el que se aprueba el texto refundido de la Ley del Estatuto de los Trabajadores (ET).

Ley 31/1995, de 8 de noviembre, de Prevención de Riesgos Laborales (PRL).

Ley 5/2014, de 4 de abril, de Seguridad Privada (LSP).

Regulación de la prestación de IT:

Real Decreto ley 6/2020, de 10 de marzo, por el que se adoptan determinadas medidas urgentes en el ámbito económico y para la protección de la salud pública. Art.5.

Decreto 3158/1966, de 23 de diciembre, por el que se aprueba el Reglamento General que determina la cuantía de las prestaciones económicas del Régimen General de la Seguridad Social y condiciones para el derecho a las mismas.

Decreto 1646/1972, de 23 de junio, para la aplicación de la Ley 24/1972, de 21 de junio, en materia de prestaciones del Régimen General de la Seguridad Social.

Real Decreto 53/1980, de 11 de enero, que modifica el art. 2º del Reglamento General que determina la cuantía de las prestaciones económicas del Régimen General de la Seguridad Social, respecto a la prestación de incapacidad laboral transitoria.

Real Decreto 2621/1986, de 24 de diciembre, por el que se integran los regímenes especiales (ferroviarios, jugadores de fútbol, representantes de comercio, toreros y artistas) en el Régimen General, y escritores de libros en el Régimen Especial de Trabajadores por Cuenta Propia o Autónomos.

Orden de 13 de octubre de 1967 por la que se establecen normas para la aplicación y desarrollo de la prestación por incapacidad laboral transitoria en el Régimen General de la Seguridad Social.

Orden de 30 de noviembre de 1987 para la aplicación y desarrollo, en materia de acción protectora, del Real Decreto 2621/1986, de 24 de diciembre, por el que se integran los Regímenes Especiales de la Seguridad Social de Trabajadores Ferroviarios, Jugadores de Fútbol, Representantes de Comercio, Toreros y Artistas en Régimen General, así como la de Escritores de Libros en Régimen Especial de Trabajadores por Cuenta Propia o Autónomos.

Resolución de 2 de marzo de 1980 de la Dirección General de Régimen Jurídico de la Seguridad Social sobre cuantía del subsidio de incapacidad laboral transitoria en procesos iniciados en situación de huelga legal.

Resolución de 7 de septiembre de 1989, de la Dirección General de Régimen Jurídico de la Seguridad

Social, sobre reconocimiento de la prestación de ILT a Artistas y Profesionales Taurinos, y posterior regularización de su cotización definitiva.

Resolución de 6 de octubre de 1992 de la Dirección General de Ordenación Jurídica y de entidades colaboradoras de la Seguridad Social, sobre cuestiones relativas al abono del subsidio de incapacidad laboral transitoria (ILT) entre los días cuarto y decimoquinto de baja en el trabajo.

Resolución de 6 de octubre de 1992 de la Dirección General de Ordenación Jurídica y entidades colaboradoras de la Seguridad Social sobre imputación del pago del subsidio de ILT durante el periodo entre el 4º y 15º día desde la baja médica en el caso de trabajadores que pasan a tal situación desde desempleo.

Resolución de 15 de noviembre de 1996, de la Dirección General de Ordenación de la Seguridad Social, sobre cálculo de base reguladora de las pensiones de viudedad y orfandad cuando el causante fallece una vez iniciado el procedimiento para declaración de incapacidad permanente, encontrándose en situación de incapacidad temporal o de prórroga de efectos de ésta.

Resolución de 19 de septiembre de 2007, de la Secretaría de Estado de la Seguridad Social, sobre determinación de la contingencia causante en el ámbito de las prestaciones por IT y por muerte y supervivencia del Sistema de la Seguridad Social.

Resolución de 7 de mayo de 2009, de la Dirección General de Ordenación de la Seguridad Social, sobre consideración como situación de incapacidad temporal derivada de enfermedad común de los períodos de aislamiento preventivo sufridos por los trabajadores como consecuencia de la gripe A1 H1 N1.

Gestión, procedimiento y control de la IT:

Real Decreto 1300/1995, de 21 de julio, por el que se desarrolla, en materia de incapacidades laborales del Sistema de la Seguridad Social, la Ley 42/1994, de 30 de diciembre, de medidas fiscales, administrativas y de orden social.

Real Decreto 1993/1995, de 7 de diciembre, por el que se aprueba el Reglamento sobre colaboración de las Mutuas de Accidente de Trabajo y Enfermedades Profesionales de la Seguridad Social.

Real Decreto 1430/2009, de 11 de septiembre, por el que se desarrolla reglamentariamente la Ley 40/2007, de 4 de diciembre, de medidas en materia de Seguridad Social, en relación con la prestación de incapacidad temporal.

Real Decreto 1622/2011, de 14-noviembre, por el que se modifica el Reglamento sobre colaboración de las mutuas de accidentes de trabajo y enfermedades profesionales de la Seguridad Social, aprobado por el Real Decreto 1993/1995, de 7 de diciembre.

Real Decreto 1630/2011, de 14 de noviembre, por el que se regula la prestación de servicios sanitarios y de recuperación por las mutuas de accidentes de trabajo y enfermedades profesionales de la Seguridad Social.

Real Decreto 625/2014, de 18 de julio, por el que se regulan determinados aspectos de la gestión y control de los procesos por incapacidad temporal en los primeros trescientos sesenta y cinco días de su duración.

Real Decreto 1299/2006, de 10 de noviembre, por el que se aprueba el cuadro de enfermedades profesionales en el sistema de la Seguridad Social y se establecen criterios para su notificación y registro.

Orden de 25 de noviembre de 1966, por la que se regula la colaboración de las empresas en la gestión del Régimen General de la Seguridad Social.

Orden TAS/2926/2002, de 19 de noviembre, por la que se establecen nuevos modelos para la notificación de los accidentes de trabajo y se posibilita su transmisión por procedimiento electrónico.

Orden TAS/1/2007, de 2 de enero, por la que se establece el modelo de parte de enfermedad profesional, se dictan normas para su elaboración y transmisión y se crea el correspondiente fichero de datos personales.

Orden ESS/1187/2015, de 15 de junio, por la que se desarrolla el Real Decreto 625/2014, de 18 de julio, por el que se regulan determinados aspectos de la gestión y control de los procesos por IT en los primeros 365 días de su duración.

Resolución de 16 de enero de 2006, de la Secretaría de Estado de la Seguridad Social, por la que se fija la fecha en la que determinadas Direcciones Provinciales del Instituto Nacional de la Seguridad Social y del Instituto Social de la Marina asumirán competencias en relación con la gestión de la prestación por incapacidad temporal.

Resolución de 28 de noviembre de 2006, de la Secretaría de Estado de la Seguridad Social, por la que se fija la fecha en la que determinadas Direcciones Provinciales del Instituto Nacional de la Seguridad Social y del Instituto Social de la Marina asumirán competencias en relación con la gestión de la prestación por incapacidad temporal.

Resolución de 14 de enero de 2008, de la Secretaría de Estado de la Seguridad Social, por la que se fija la fecha en la que determinadas Direcciones Provinciales Instituto Nacional de la Seguridad Social y del Instituto Social de la Marina asumirán competencias en relación con la gestión de la prestación por incapacidad temporal.

Resolución de 27 de mayo de 2009, de la Dirección General de Ordenación de la Seguridad Social, por la que se dictan instrucciones en materia de cálculo de capitales coste y sobre constitución por las

Mutuas de Accidentes de Trabajo y Enfermedades Profesionales del capital coste correspondiente a determinadas prestaciones derivadas de enfermedades profesionales.

Resolución de 3 de febrero de 2010, de la Subsecretaría del Ministerio de la Presidencia, por la que se publica el Acuerdo de encomienda de gestión entre la Mutualidad General de Funcionarios Civiles del Estado (MUFACE) y el Instituto Nacional de la Seguridad Social (INSS) para 2010 para la realización de determinados reconocimientos médicos.

Resolución de 15 de noviembre de 2010, de la Secretaría de Estado de la Seguridad Social, por la que se fija la fecha en la que determinadas Direcciones Provinciales Instituto Nacional de la Seguridad Social y del Instituto Social de la Marina asumirán competencias en relación con la gestión de la prestación por incapacidad temporal.

Orden PJC/51/2024, de 29 de enero, por la que se desarrollan las normas legales de cotización a la Seguridad Social, desempleo, protección por cese de actividad, Fondo de Garantía Salarial y formación profesional para el ejercicio 2024.

Criterio de gestión 6/2023, de 10 de marzo, de la Subdirección General de Ordenación y Asistencia Jurídica sobre condiciones de acceso a la jubilación plena de un pensionista de jubilación parcial desde la situación de prolongación de efectos de la incapacidad temporal sin obligación de cotizar.

Criterio de gestión 14/2023, de 1 de junio, de la Subdirección General de Ordenación y Asistencia Jurídica sobre situaciones especiales de incapacidad temporal.

Criterio de gestión 18/2023, de 25 de julio, de la Subdirección General de Ordenación y Asistencia Jurídica sobre prestación por incapacidad temporal de los trabajadores del Sistema Especial de Trabajadores por Cuenta Ajena Agrarios.

Criterio de gestión 26/2023, de 16 de octubre, de la Subdirección General de Ordenación y Asistencia Jurídica sobre abono del subsidio por incapacidad temporal más allá de 730 días y responsabilidad de las mutuas colaboradoras con la Seguridad Social.

Criterio de gestión 3/2024, de 5 de febrero, de la Subdirección General de Ordenación y Asistencia Jurídica sobre cambio de entidad aseguradora de incapacidad temporal.

Mutuas colaboradoras con la Seguridad Social:

Real Decreto 1993/1995, de 7 de diciembre, por el que se aprueba el Reglamento sobre colaboración de las Mutuas de Accidente de Trabajo y Enfermedades Profesionales de la Seguridad Social.

Resolución de 13 de abril de 2010, de la Secretaría de Estado de la Seguridad Social, por la que se establecen en el ámbito de las entidades gestoras de la Seguridad Social, de la Tesorería General de la Seguridad Social y de las Mutuas de Accidentes de Trabajo y Enfermedades Profesionales, las actuaciones de control y verificación de las compensaciones en los documentos de cotización por pago delegado de la prestación de incapacidad temporal realizadas por las empresas y, en su caso, su ulterior reclamación.

Real Decreto 1630/2011, de 14 de noviembre, por el que se regula la prestación de servicios sanitarios y de recuperación por las Mutuas de Accidentes de Trabajo y Enfermedades Profesionales de la Seguridad Social.

Contenidos extra

Si te ha gustado este libro y quieres profundizar un poco más en la materia del mismo, te invitamos a descargarte una serie de contenidos extra que podrás encontrar en los códigos QR que adjuntamos justo abajo.

Por otra parte, si has adquirido este libro en Amazon, nos ayudaría muchísimo algo tan sencillo como que te tomases unos segundos para votarnos con estrellas. Desde ya, nuestro sincero agradecimiento por tu tiempo.